TRAITÉ D'OBSCURIGRAPHIE,

Ou Art

DE DÉCHIFFRER LES ÉCRITURES EN CHIFFRES, CARACTÈRES SECRETS OU IMAGINAIRES.

Tout exemplaire qui ne serait pas revêtu de la signature authentique de l'auteur, sera réputé contrefait.

Celui-ci est contrefait

J.-R. MEVREL, pass. du Caire, 54.

Traité

D'OBSCURIGRAPHIE,

OU ART

DE DÉCHIFFRER OU TRADUIRE AVEC LA PLUS GRANDE FACILITÉ, ET SANS EN AVOIR AUCUNE CONNAISSANCE, TOUTES LES ÉCRITURES EN CARACTÈRES ALLEMANDS, ANGLAIS, ARABES, ARMÉNIENS, GOTHIQUES, GRECS, HÉBRAÏQUES, MAÇONNIQUES, ETC. QUEL QU'EN SOIT L'ALPHABET, ET CELLES MÊMES QUI SERAIENT FAITES PAR LES SIGNES QUE L'ESPRIT LE PLUS EXTRAVAGANT POURRAIT INVENTER.

PAR M. CH.-FR. VESIN,

BREVETÉ D'INVENTION, DE PERFECTIONNEMENT ET D'IMPORTATION,
AUTEUR DE PLUSIEURS OUVRAGES DE CORÉOGRAPHIE ET DE STATISTIQUE.

Paris.

MADAME GOULLET, LIBRAIRE,

PALAIS-ROYAL, GALERIE D'ORLÉANS, N° 7.

1838.

ART

DE DÉCHIFFRER OU TRADUIRE LES ÉCRITURES

EN CHIFFRES, EN CARACTÈRES SECRETS OU IMAGINAIRES.

PAR M. CH.-F. VESIN.

De tout temps, il y a eu des hommes qui ont eu besoin de dérober leurs pensées aux autres hommes, et de leur donner une forme, une physionomie qui pût dérouter tous les efforts de l'intelligence. Mais c'est surtout dans cette science, qui s'appuie également sur la ruse, l'intrigue et la dissimulation, qu'on a cherché à déguiser, à masquer la figure qu'il plaît au créateur de vous attribuer, mais encore la manière de traduire sa pensée par des signes. Il fallait calculer les chances de la mauvaise fortune, prévenir le cas où le hasard ferait tomber votre ouvrage sous des yeux ennemis. Aussi Dieu sait que de détours pris! que de combinaisons essayées! que de finesses dépensées! Dès-lors, ce furent de nouvelles études à faire. Il ne fut pas un ministre, pas un général en chef qui n'eût auprès de lui un déchiffreur capable de percer à travers le voile de ces ténèbres diplomatiques. Mais, jusqu'à présent, ce n'était que le partage d'un petit nombre d'adeptes, qui en faisait comme un secret de famille. Jusqu'à un certain point, les écritures en chiffres et caractères secrets, ont cessé de donner pleine sécurité à ceux qui en font usage, et nul doute maintenant, qu'on ne soit obligé de recourir à un autre moyen plus compliqué, ou qui s'éloigne plus encore de toute idée reçue.

M. Vesin, auteur de cette méthode admirable, après une longue et sérieuse étude, l'a réduite à une simple et facile théorie. Son but a été de fournir un moyen de déchiffrer ou traduire avec la plus grande facilité, et sans en avoir préalablement aucune connaissance, toutes les écritures en caractères allemands, anglais, arabes, arméniens, gothiques, grecs, hébraïques, maçonniques, etc. quel qu'en soit l'alphabet, et celles mêmes qui seraient faites par les signes que l'esprit le plus extravagant pourrait imaginer.

Ceci peut d'abord paraître exagéré; telle fut en premier lieu notre opinion; mais quand j'ai vu les expériences du savant professeur, et les nôtres, quoique encore faibles, toujours donner un résultat clair, palpable, et vivant, pour ainsi dire, oh! alors, il a fallu se rendre et avouer que rien n'était impossible au génie de l'homme armé de constance.

Aussi ne saurions-nous trop engager les hommes instruits à s'associer à l'entreprise de M. VESIN.

L'art de déchiffrer les écritures secrètes n'est pas seulement utile aux diplomates et aux militaires, il offre à toutes les personnes qui cultivent les études historiques, aux archéologues, aux hommes d'affaires, aux légistes, enfin, à toutes les personnes qui peuvent avoir en main des écritures anciennes, informes ou illisibles, un moyen simple, facile et sûr de les traduire exactement.

J. C.

TRAITÉ
D'OBSCURIGRAPHIE.

Le chiffre diplomatique est une manière particulière d'écrire, que mettent en usage les hommes d'état, les princes, les ambassadeurs, les commandans militaires, etc., pour assurer le secret de leur correspondance, si elle venait à tomber entre des mains ennemies ou étrangères. On emploie dans ce but des caractères particuliers ou arbitraires ; ce sont, ou des chiffres, ou des lettres alphabétiques empruntées à une langue quelconque, ou enfin des caractères imaginaires plus ou moins bizarres, plus ou moins faciles à tracer ; mais dont la valeur dépend des conventions préalablement faites entre les personnes qui se correspondent. C'est à l'emploi des chiffres arabes dans ces derniers temps, que cet art doit le nom d'écriture en chiffres.

1

L'usage des correspondances secrètes remonte à la plus haute antiquité. Un grand nombre d'auteurs en ont traité sous le nom de Cryptologie, Cryptographie, Poligraphie, Sténographie, etc. Mais nous nous occuperons ici de toutes ces parties, sans trop nous inquiéter des noms ci-dessus mentionnés.

Avant de commencer à décrire cet art et d'entrer dans aucun détail, nous allons faire connaître rapidement l'origine de la correspondance secrète ; nous donnerons ensuite des connaissances de toutes les méthodes qui ont été mises en usage jusqu'à nos jours, et des moyens de les connaître et de les traduire.

L'origine de la correspondance secrète au moyen de signes visibles, date, comme nous venons de le dire, de la plus haute antiquité, et paraît même avoir précédé l'invention de l'écriture. Tout nous porte à croire que dans l'enfance des peuples qui nous sont plus ou moins connus, les idées se transmettaient par des signaux, par les mouvemens du corps, par des gestes, comme le font encore aujourd'hui les enfans avant de parler. Des faits nombreux démontrent que cette pratique était admise chez les anciens ; Ovide dit quelque part : « Je dirais des mots sans ouvrir la bouche... tu liras les mots sur ses doigts... la bouche est muette ; mais d'autres moyens permettent que nous puissions échanger nos pensées. » Les latins exprimaient à l'aide de la main gauche, les nombres au-dessous de cent; et tous ceux au-dessus de mille, par les doigts de la main droite. Juvénal et d'autres poètes font souvent allusion à cet usage. Pierius nous a conservé leur méthode de compter de 1 à 9,000. Scott, dans sa Stéganographie, donne leur alphabet arthrologique, ou par gestes, en latin et en allemand. Falconner, dans sa Criptomenis patefacta, et Wilkins dans son Mercure, le donne aussi en latin et en anglais.

Pour faire servir à la correspondance secrète, cet art de discourir par gestes, Scott a formé un alphabet différent de l'alphabet généralement usité, et sous Charles II, roi d'Angleterre, Georges Dalgarme, dans son Didascophalus, donne un caractère universel et une langue philosophique à l'usage de toutes les nations. On avait, long-temps avant cette époque, adopté des signes de communication particuliers, dont quelques-uns même, pouvaient servir pendant la nuit au moyen de signes lumineux. Les Chinois et les Persans se servent, pour cet objet, de feux allumés de distance en distance sur des lieux élevés. Diodore de Sicile dit que Médée et Jason usèrent de cet artifice, ce qui fait remonter cet usage à plus de 3,000 ans avant nous. Pline en attribue la découverte à Sinon, pendant la guerre de Troie. (His. liv. VII, ch. 59.) Eschille dit qu'Agamemnon employa des signaux de feux pour informer Clytemnestre de la prise de Troie.

Le sieur Guillet de la Guilletière, dans sa Lacédémone ancienne et moderne, attribue aux Lacédémoniens l'invention des caractères secrets, et trouve dans leur Scytale la preuve de son assertion. Plutarque a décrit les Scytales employés à Athènes et à Sparte, du temps d'Alcibiade, de Pharnabaze et de Lysandre ; mais il ne donne pas cette invention comme nouvelle ; c'est à tort que quelques auteurs l'ont attribuée à Archimède qui vivait deux cents ans plus tard. Jules César et Auguste, dans leur correspondance secrète, se contentaient de transposer les lettres de l'alphabet. Cette méthode, de transposer ainsi les lettres de l'alphabet était encore commune aux Carthaginois, aux Grecs, aux Syracusiens ; les Gaulois, les Saxons et les Normands, inventèrent pour le même objet des caractères nouveaux et très capricieux, qui ont été recueillis dans les ouvrages de Trithême, du duc Sélénus et des autres Poligraphes du quinzième et du seizième siècles. Ils nous ont aussi conservé ceux d'Alfred Ier, roi d'Angleterre, et ceux qu'avaient adoptés Charlemagne et ses agens. Enfin, les Irlandais usaient des chiffres particuliers appelés Oghams, qui pouvaient en outre être appliqués à la sténographie. (Antiquités d'Irlande, vol. II, page 20.)

Ce n'est pas seulement avec des signes ou des chiffres que l'on a imaginé de correspondre au loin ; mais aussi par des bouquets composés de diverses fleurs, par des papiers de diverses couleurs, par un collier, un bracelet, une bourse, etc., soit de perles ou tout autre matière dont les couleurs combinées offrent un sens ; par des rubans et des nœuds; par des aspérités sur une surface; ou des trous imperceptibles, mais sensibles au toucher, avec une lanterne la nuit, par le son du tambour, d'un canon, d'un instrument de musique ; enfin, par l'odorat et par le goût. Nous croyons devoir nous dispenser de parler de tous ces moyens de correspondance pour ne pas trop nous écarter du but que nous voulons atteindre, et pour ne pas rendre trop volumineux cet ouvrage, nous citerons seulement les auteurs les plus remarquables, dont on pourra lire et consulter les ouvrages avec fruit, savoir :

Baptista Porta, Blaise de Vigenère, Scott, Gustave Sélénus, Schwenter Alias, Niceron, lord Bacon, J. Balthazar, Wilkins, Morof, et le marquis de Worcester.

La méthode que nous allons démontrer est applicable à toutes les langues ; mais c'est sur la française spécialement que nous allons faire l'application de ces principes ; nous ferons à la suite quelques remarques sur la charpente des mots des langues européennes ; je prie donc le lecteur de vouloir bien fixer son attention aux marches que nous allons suivre.

CHAPITRE PREMIER.

Avant de se livrer à aucune recherche, le déchiffreur doit avoir l'esprit entièrement libre de toute préoccupation étrangère, et se munir d'une patience à toute épreuve pour recommencer vingt fois s'il se trompe vingt fois.

§. Ier.

DE LA LETTRE E EN PARTICULIER.

Lorsqu'on se propose de déchiffrer ou traduire une période d'une écriture faite avec des caractères, ou signes inconnus, on devra chercher en premier lieu, la lettre E, étant la plus usitée. Il y a trois moyens pour la trouver, savoir :

1° Le signe final de tous les mots, ou celui qui sera le plus répété dans le corps d'une écriture, sera généralement un E.

2° En examinant tous les bigrammes, ou mots de deux signes, celui qui sera le plus souvent répété parmi ces signes sera pareillement un E.

3° La lettre E étant la seule qui puisse être doublée à la fin des mots, lorsque nous verrons deux signes de la même forme à la fin d'un mot, ces signes seront toujours des E, à l'exception de quelques noms propres qui finissent par deux consonnes, mais que l'on rencontre fort rarement ; comme

Bonn, ville du duché du Bas-Rhin.

Kiell, ville d'Allemagne.

Ill, rivière de France, en Alsace, etc.

§. II.

DES MONOGRAMMES.

Un mot d'une lettre, s'il n'est pas apostrophé, sera toujours une voyelle; cette voyelle sera de préférence un A, quelquefois un Y, et très rarement l'O interjection, l'A étant beaucoup plus répété qu'un Y. S'il y a deux monogrammes qui se suivent, l'un sera un A, l'autre un Y, comme : *il y a*, *on y a*, *à y mettre*, etc.

§. III.

DES BIGRAMMES.

Si dans un mot de deux signes, le premier est un E, le second sera nécessairement un T ou un N et quelquefois un U, pour faire *et*, *en*, *eu*, on saura qu'il est un T lorsqu'on le verra plus souvent reproduit à la fin des mots.

Quand on a trouvé l'E, si dans un bigramme le premier signe est un L, le second sera un A, et très rarement un U, pour faire *la*, *lu*.

Si le premier signe est un I, le second sera toujours un L, pour faire *il*.

S'il est un A, le second sera un N ou un U, pour faire *an*, *au*.

S'il est un O, le second sera un N, un R, ou un U, pour faire *on*, *or*, *ou*.

Si le premier est un N, le deuxième sera un E, et quelquefois un I ou un U, pour faire *ne*, *ni*, *nu*.

S'il est un T, le deuxième sera un A, un E, ou un U, pour faire *ta*, *te*, *tu*.

Et finalement, si le premier est un U, le second sera toujours un N, pour faire *un*.

Et *vice-versà*, si le second est un L, le premier sera toujours un I, pour faire *il*.

S'il est un N, le premier sera un A, un E, un O, ou un U, pour avoir *an*, *en*, *on*, *un*.

S'il est un R, le premier sera toujours un O, pour *or*.

Et s'il est un T, le premier sera toujours un E, pour faire *et*.

Si on aperçoit deux mots de deux signes qui se suivent, dont le second signe du premier mot soit de la même forme que le premier signe du second mot, ce sera un des suivans : *il le*, *en ne*, *on ne*, *un nu*, ou *et te*.

§. IV.

DES TRIGRAMMES.

Quand dans un mot de trois signes, le second est un E, le troisième sera généralement un S, et quelquefois un C, L, R, T, U et Z, pour faire *bec*, *sec*, *bel*, *tel*, *mer*, *fer*, *ces*, *des*, *les*, *mes*, *tes*, *cet*, *get*, *net*, *feu*, *peu*, *veu* et *nez;* mais il faût toujours se tenir, de préférence, à celui qui se plie le plus au sens de la phrase.

Si le dernier signe du mot qui suit immédiatement le trigramme est égal au troisième de ce dernier, cela veut dire qu'on parle au pluriel et les deux signes finaux seront des S, bien entendu quand on a déjà trouvé l'E.

Si dans le même mot de trois signes le premier est un E, le deuxième et le troisième seront le plus souvent S, T et quelquefois U, X, pour faire *est*, *eux*, ces deux mots étant les seuls trigrammes un peu fréquentés qui commencent par un E.

Si le second signe du trigramme est un A, le troisième sera aussi souvent un S ou un R, et quelquefois un N ou un T, pour faire *pan*, *par*, *pas*, *rat;* dans ce cas, le premier signe serait presque toujours un P, et quelquefois un B, un C, ou un R, comme *bal*, *bas*, *bat*, etc.

§. V.

DE QUELQUES AUTRES RÈGLES GÉNÉRALES.

Il n'y a pas de mots de deux lettres ou plus, sans voyelles.

Le Q est toujours suivi de l'U.

L'H est le plus de fois précédé du C ou du P, comme *manche*, *fraiche*, *charade*, *alphabet*, *philosophe*, *calligraphie;* et quelquefois d'un T, comme *antipathie*, *simpathie*, etc.

Si l'avant-dernière lettre d'un mot est un E, la dernière sera très souvent un S, quand nous remarquerons plusieurs mots de suite qui finissent par le même signe.

Lorsque les signes dernier et troisième avant-dernier d'un mot sont des E, l'avant-dernier sera ordinairement un C, ou un T; et le deuxième avant-dernier sera un N; comme : *prudence*, *indifférence*, *vente*, *insolente*, il faut excepter de ces règles, les mots, *cèdre* et *genre*, où l'avant-dernier signe serait un R, dans tous les deux, et dans le premier mot, le deuxième avant-dernier serait un D.

Si le dernier signe d'un mot de quatre est R, S ou T, les deux du milieu seraient ordinairement O, U, pour faire *bout*, *goût*, *nous*, *pour*, *vous;* on s'en convaincra facilement par la répétition fréquente des diphtongues *ou*, dans l'intérieur des mots.

Quand nous trouverons dans le corps d'une écriture deux mêmes mots composés de quatre signes qui se suivent, ces mots seront toujours *nous nous* ou *vous vous*, et quand nous verrons un mot composé de sept lettres ou signes, dont le premier sera égal au cinquième, le deuxième au sixième, et le troisième au septième, ce mot sera toujours *quelque*, étant celui-ci unique par sa construction.

§. VI.

DES APOSTROPHES.

La lettre qui suit l'apostrophe, est toujours une voyelle ; ainsi, si nous en avons déjà trouvé trois ou quatre, celle qui suivra l'apostrophe sera celle, ou une de celles qui nous manqueront.

Si l'apostrophe est suivie d'un bigramme, le mot sera un des suivans : *l'en*, *n'en*, *j'en*, *s'en*, *s'il*, *l'on*, *l'or*, *l'un*, *d'un*, *d'en*.

Étant suivi d'un trigramme, le mot sera un de ceux-ci : *abc*, *âge*, *ail*, *air*, *âme*, *âne*, *apt*, *arc*, *art*, *axe*, *eau*, *écu*, *ému*, *est*, *eux*, *ode*, *oie*, *use*.

Si l'apostrophe est dans un mot de deux signes, et que le mot qui le suit soit aussi de deux signes, ce sera ordinairement *qu'au*, *qu'en*, *qu'il*, *qu'on*, *qu'or*, ou *qu'un* ; mais du moins on commencera par savoir que les deux signes apostrophés sont Q, U.

Si le mot qui suit la même apostrophe est de trois signes, ce mot sera : *qu'est*, *qu'eux*, *qu'ils*, *qu'ont*, *qu'oui*, ou *qu'une*, en conservant la même règle pour les deux signes apostrophés soit dans ces cas comme dans tous les autres.

CHAPITRE DEUXIÈME.

Comme c'est sur les petits mots qu'il faut spécialement commencer pour exercer sa patience, je les ai épuisés tous pour vous faciliter la prompte traduction des écritures qui forment l'objet de cet ouvrage. Je vais donc commencer par vous décrire tous ceux de deux jusques et y compris cinq lettres, excepté ceux qu'on pourrait former par les conjugaisons pour ne pas aller jusqu'à l'infini ; nous ferons connaître à la fin de ce chapitre tous les autres mots qui, par leur particulière construction, peuvent, lorsqu'on les rencontre, nous causer beaucoup de peine et de perte de temps avant de pouvoir les connaître.

§. Ier.

BIGRAMMES, OU MOTS DE DEUX LETTRES.

ah !	as	ce	de	en
ai	au	ci	du	és
an	ça	da	eh	et

eu	il	mi	os	ta
ex	je	ne	ou	te
fa	la	ni	re	tu
fi	le	nu	ru	un
ha	lu	oh!	sa	us
he	ma	on	se	va.
ho	me	or	si	

§. II.

TRIGRAMMES OU MOTS DE TROIS LETTRES.

abc	axe	bon	cri	dur
aye	bac	bot	cul	eau
ahi	bah	bru	dam	écu
aïe	bai	cal	des	élu
ail	bal	cap	dey	ému
air	ban	car	dia	épi
ais	bas	cas	dit	ers
ame	bel	cep	dix	est
ami	bec	cet	dol	eux
âne	ben	cid	dom	fat
api	ber	cil	don	fer
arc	bey	coi	dos	feu
are	bis	col	dot	fic
ars	blé	coq	dru	fil
art	boa	cor	duc	fin
ave	bol	cou	duo	foc

foi	jet	mon	per	soc
fol	jeu	mot	pic	soi
for	jok	mou	pie	sol
fou	jus	mue	pin	son
fur	lac	mur	pis	sot
fùt	lai	nef	pli	sou
gai	las	net	pou	suc
gaz	les	nez	pré	sud
gît	lez	nid	pur	sué
glu	lié	nos	pus	tac
gré	lin	nul	que	tan
gué	lis	nue	qui	tas
gui	lit	oca	ras	tel
haï	lof	ode	res	tes
hem	loi	oie	ris	thé
hen	lot	œil	rit	tic
hic	lui	onc	riz	tin
hie	lut	ord	rob	tir
hoc	mai	ort	roc	toi
hue	mal	ose	roi	ton
hui	mat	ouf	rot	tri
ide	mer	oui	rue	tue
île	mes	ove	rut	tuf
ils	mie	pal	sac	uni
ire	mil	pan	sec	ure
ive	mis	par	sel	usé
jan	moi	pas	sil	val
jas	mol	pec	sia	van

van	ver	vol	vuc

TRIGRAMMES QUI ONT LA PREMIÈRE LETTRE ÉGALE A LA TROISIÈME.

aga	été	ses	tôt
ana	ici	sis	
ara	non	sus	
ére´	sas	tèt	

§. III.

MOTS COMPOSÉS DE QUATRE LETTRES.

able	alun	arum	béat
aboi	ambe	aube	beau
abri	amen	auge	beni
abus	amer	aune	besi
ache	aime	avec	bêta
acre	ange	avis	bien
acte	anil	ayau	biez
ados	anis	azur	bile
afin	ause	bail	bine
agio	anti	bain	bise
agir	anus	banc	bleu
aide	août	bans	bloc
aigu	âpre	bard	bœuf
aile	apte	base	bois
aimé	ardu	bâté	bond
aîné	arec	bâti	boni
ains	argo	baud	bord
aïre	arme	bare	bore

bouc	chat	cuir	drue
bone	chef	cure	duel
bout	cher	cuve	dune
brai	chez	cyme	dupe
bran	choc	czar	dure
bras	ciel	daim	ébat
bref	cité	dais	écot
brin	cive	dame	écru
bris	clan	dans	édit
broc	clef	date	égal
bron	clin	deça	élan
brun	clos	défi	émir
brut	clou	déjà	émoi
bute	club	dela	étai
cadi	code	demi	étal
café	cœur	déni	étan
cale	coin	dent	étui
came	coït	deux	exil
camp	coké	dieu	face
cane	coma	dîme	fade
case	côte	dîné	fait
cati	coup	dire	faix
cave	cour	dito	fâme
cela	crac	dive	fane
cens	crid	doge	faon
cent	crin	donc	faux
cerf	crue	doté	féal
char	cube	drap	feru

fétu	gano	havi	ivre
file	goût	hain	ixio
fils	gare	hénu	jade
fine	gars	heur	jais
fisc	geai	hier	jale
fixe	gent	hile	jars
flan	gîte	hoca	jeun
flot	glas	holà	joie
flou	glui	hors	joli
flux	gond	hôte	jonc
foie	gord	houe	joue
foin	gras	houx	joug
fois	grec	huis	joui
fond	grés	huit	jour
fors	gril	hume	jubé
fort	gris	hure	juge
foui	gros	idem	juif
frac	grue	ides	juin
fret	guet	igué	jule
froc	haie	îles	juré
fuie	hâle	îlot	jury
fuir	halo	imbu	kali
fumé	haro	indu	kina
futé	hase	insu	king
gade	hast	inui	lacé
gaie	hâte	iota	lais
gain	haut	item	lady
gale	have	iule	laie

laid	loup	moka	noix
lais	lune	môle	nome
lait	luth	moly	nord
laine	luxe	mons	nota
laps	mage	mont	note
lard	mail	mors	noue
lare	mais	mort	nuer
lave	maki	moût	nuit
lent	mâle	moxa	obéi
lest	malt	muer	obit
leur	marc	muet	obus
lice	mare	muge	ocre
lien	mari	mule	ogre
lier	mars	muni	once
lieu	mate	mûre	onde
lige	méat	musc	ouix
lime	menu	muse	onze
lion	mets	nagé	opes
lire	mise	naïf	orbe
lobe	mina	nard	orde
loch	miel	nasi	orge
lods	mien	nerf	orin
loge	mine	neuf	orle
loin	mire	nier	orme
loir	mise	nice	orne
long	mite	noie	oser
lord	mode	noël	ouie
loué	mois	noir	ours

page	porc	rate	serf
pain	port	rave	seul
pavé	pose	réal	sien
paye	pote	reçu	silo
péan	pouf	rein	sire
pelu	pour	reps	site
pari	prés	rets	soie
pers	prié	rhum	sole
pian	prix	ride	sort
pico	prou	rien	soûl
pied	puce	ripe	stuc
pile	puer	rite	subi
pion	puis	rive	sucé
piot	puni	rixe	suer
pire	pure	rôle	suie
pisé	quoi	rond	suif
pite	quel	rose	sure
plan	race	roue	tain
plat	rade	ruse	taon
plie	raie	sage	tape
plec	rais	sale	tard
plus	raja	sang	tare
poil	râlé	sape	tari
pois	rame	sauf	taux
poix	rang	saut	taxe
pôle	ranz	seau	tenu
poli	râpe	scié	thon
porc	rase	sein	tien

tige	troc	vage	vite
tine	trop	vare	voix
tire	trou	vase	vole
toge	tube	velu	voni
tôle	tuer	vent	vrai
tore	turc	venu	yole
tors	type	vert	yain
tory	unau	vêtu	yani
toué	unir	veuf	zébu
touc	unie	vice	zéro
tour	upas	vide	zest
toux	user	vile	zinc
très	vain	viol	zône
tril	vair	visa	

MOTS DE QUATRE LETTRES AVEC LA DEUXIÈME ET LA TROISIÈME ÉGALES.

abbé	edda	féer	ossu
allé	elle	ille	réer
ammi	erre	inné	réel
assa	esse	issu	

MOTS COMPOSÉS D'UN MÊME NOMBRE DE LETTRES DONT LA PREMIÈRE EST ÉGALE A LA TROISIÈME.

aban	cocu	iris	rire
amas	dodu	none	têtu
aval	éden	pipe	vive
bube	êtes	pope	
ceci	hahé	rare	

MOTS DE QUATRE LETTRES DONT LA DEUXIÈME EST ÉGALE A LA QUATRIÈME.

aéré
anon
bête
céné
état
fête
feue
feve
fini
gala
gêne
géré
golo
hélé
hére
jeté
lama
lése
lève
loto
mené
mère
midi
pêle
pêne
père
pesé
raïa
raja
rêne
rêve
séné
séve
sexe
vené
vexé
zélé

MOTS COMPOSÉS DE QUATRE LETTRES DONT LA PREMIÈRE EST ÉGALE A LA QUATRIÈME.

ente
épie
cric
croc
dard
enge
erse
être
fief
grog
nain
rucr
sans
sens
sous
tact
tant
test
toit
tout

§. IV.

MOTS COMPOSÉS DE CINQ LETTRES.

abies
abîme
abord
about
abusé
aclut
acide
acier
actif
adage
adiré
adoré
adoué
aérer
agace
agavé
agent
agile
agité
agnel

acens	amère	arder	autre
adieu	amict	ardre	avalé
agate	amont	ardue	avant
agués	amour	ardus	avare
agnus	ample	arène	avent
agrés	amure	arête	averé
agrie	amusé	argot	avide
ahuri	anche	argue	avili
aigle	ancre	argus	aviné
aigre	angle	aride	avisé
aigri	angon	arien	aviso
aiguë	ânier	armes	avoir
aimer	animé	armer	avoué
ainsi	anisé	armet	avril
airer	antan	armon	ayant
ajonc	antre	arome	azure
alêne	aorte	asile	azine
aleze	alude	aspic	babel
algue	aluné	aspre	babil
alibi	apoco	aster	bacha
alité	apode	astre	bache
alize	après	atlas	badin
alpha	apyre	atome	bâfre
alude	arabe	atour	bagne
alune	arbre	aucun	bague
amble	arche	auget	bahut
ambre	archi	auner	baile
amené	arçon	autel	balai

banal	berce	biset	cabas
banco	béret	bison	cable
bande	berge	bivac	cabré
barbe	berle	blanc	cabri
barbu	berme	blême	cacao
barde	berné	bleue	cache
baril	beset	bleui	cadis
baron	bétes	blond	cadre
basin	béton	bluet	caduc
baste	bevue	bocal	cagot
bâtir	biais	boire	caler
batie	bible	boite	calin
bâton	bibus	bolet	calme
bauge	biche	bombe	calus
baver	bidet	bonde	canal
bayer	bidon	boute	candi
bazar	bien	bouze	canif
béant	bière	borax	canin
béate	bigle	bordé	canot
bêche	bigne	borne	cérat
bidon	bigot	bosan	Cérès
bigue	bigue	bouge	César
beige	bijon	boule	ceste
bémol	bijou	buret	châle
benêt	bilan	burin	chame
benon	biner	buste	champ
bénir	binet	buter	chant
bénie	biser	butin	chape

chaud	coïou	court	cuver
choux	colao	couvi	cycle
chêne	colir	craie	cygne
chère	colis	crane	dague
chien	colon	crase	daine
chier	colzo	créat	daler
choir	comte	credo	dalot
chose	congé	crême	damaf
chrie	conte	crêpe	damer
chute	copal	crepi	damné
chyle	copie	crepu	danse
cible	coque	crête	darne
cidre	coran	creux	darse
cigne	corde	crier	dater
ciron	corme	crime	datif
ciste	corne	crise	daube
citer	cornu	croit	débat
civil	corps	croix	débet
clair	coter	cuber	débit
clapi	cotir	cuire	début
clerc	coton	cuite	décès
clore	cotre	culer	décru
couti	coude	culot	décri
coche	cousu	culte	dédit
cocon	coulé	cumin	défit
codex	coupé	cumul	défié
coite	couru	curial	dégât
coing	cours	curie	déité

déjuc	dogat	écale	engri
délai	dogme	écart	enjeu
délié	dogne	écran	enoné
délit	dogre	écren	enter
démon	dogue	écrue	entre
dénié	doigt	écume	envie
denté	dolce	édile	envoi
denué	doler	égale	épais
dépit	dorer	égard	épaté
dépôt	doser	égide	épave
derme	dotel	égout	épice
desir	douce	élimé	épier
deuil	doyen	élire	épieu
dévié	drame	élite	épilé
devin	droit	éludé	épine
devis	drolo	émail	épode
dévot	drome	émaux	épois
diane	drupe	émané	époux
dicté	duadi	emier	épuré
dièse	ducal	empan	ergot
diète	ducat	émule	ermin
dîmer	duché	encan	ester
dîner	duire	encre	estoc
diton	dulié	enfer	ésule
divan	duper	enfin	étage
divin	durer	enflé	étaim
divis	duret	enfui	étalé
docte	duvet	enger	étamé

étang
étape
éteuf
éther
étilé
étole
étron
étude
étuve
évadé
évasé
évril
évent
évidé
évier
évité
exact
excès
exclu
exéat
exigé
exigu
expié
fable
facer
façon
fagot
faime

faine
faire
faîte
falot
falun
fanal
faner
fanon
fanum
farce
farci
farde
fasce
faste
fatal
faulx
faune
faute
fauve
féage
féale
féces
feint
fêler
felon
fémur
fénil
fente

feret
ferce
férir
ferme
ferue
fêter
fetfa
fibre
fiche
fichu
fière
fifre
figer
figue
filer
filin
filon
filou
final
finet
finir
fiole
fixer
flair
flanc
fléau
fleur
flore

fluer
fluet
flûte
foire
folie
folio
foncé
fondé
fondu
fonte
force
forer
forêt
forme
forte
forum
fouet
fouir
fouie
foule
foyer
frais
franc
frain
frêne
frêle
frère
frète

freux	galer	gilet	grâce
frime	galet	giron	grain
fripé	galon	giter	grand
frire	galop	givre	grave
frise	gamin	glace	grége
froit	ganer	glame	grêle
frôlé	garce	glèbe	greun
front	garde	glène	gréve
fruit	garni	globe	grief
fugue	garou	glose	grime
fuite	garuf	gluau	grise
fumer	gâter	gluer	grive
fumet	gaule	glube	group
fumin	gager	gnome	gruau
furet	gémir	gobet	grugé
furie	génal	gobin	grume
fuser	gêner	goder	guéde
fusil	genêt	godet	guère
fuste	génie	golfe	gueux
futur	genou	gonin	guide
gache	geôle	goret	habit
gager	gerbe	gorge	hache
gagué	gérer	gouet	haine
gagui	germe	gouge	haire
gaïac	geste	goulu	halot
gaîté	gibet	gourd	halte
gaîne	gigot	goure	hamac
galbe	gigue	goûté	hampe

hanap	honte	infus	jouir
hause	horde	irata	joute
hanté	hôtel	isole	joyau
haras	houer	jable	judas
harde	houle	jabot	juger
hardi	houpé	jadic	juve
harem	houri	jalap	julep
harpe	housé	jalet	Junon
hâter	huard	jalon	junte
hâtif	huham	jambe	jupon
havir	huile	janta	jurat
havie	humer	japon	jurer
havre	hydre	jaque	juste
hélus	hyène	jaser	kabak
héler	hymen	jaspe	kaben
hélix	hymne	jause	knout
héper	idéal	jeune	kouan
herbe	idiot	jésus	kyste
héron	idole	jeter	labié
héros	idéon	jeton	lacer
herse	ileus	jeudi	lacet
hêtre	ilion	jeune	lâche
heure	ilote	jocko	lacis
heurt	image	joint	ladre
hibou	imbue	jolie	laide
hiver	impie	jouer	laine
hoche	index	jouet	laité

laize
lamie
lampe
lance
lande
lange
laper
lapin
lapis
lapse
laque
large
largo
larix
larme
larve
latin
laver
lavis
layer
léche
leçon
légal
légat
léger
lente
lépas
lépre

lérot
léser
leste
leude
lever
levis
lèvre
liais
liane
liant
liard
liber
licet
licol
liége
lieue
lieur
ligne
lilas
limbe
limer
limon
linge
linon
linot
liste
litre
liure

livre
licol
loche
logis
longé
lopin
loque
lotir
lotus
louer
louis
lourd
loure
louve
loyal
loyer
lubie
lucre
lueur
luire
lundi
lupin
luron
luter
lutin
luxer
mache
macis

maçon
madré
magie
magot
maint
maire
major
maman
mande
mânes
mangé
manie
mante
manus
mardi
margé
marié
marin
marli
marne
marun
mater
matin
matir
mauve
mêche
mégie
mêler

melon
mener
menin
menon
meuse
menti
menue
merci
métal
metis
mètre
meule
meute
miche
mieux
Milan
mime
miner
minon
minot
mirer
mitré
mixte
moine
moins
moire
moise
moite

momie
monde
monté
moqué
moral
morne
morve
molet
motif
motus
moule
moult
moyen
mufle
muflé
mugir
muide
mules
mulet
mulot
munie
munir
mural
murer
murex
mûrir
muser
myope

myrte
mythe
myure
nabot
nacre
nadir
nager
naine
nanti
napel
nasal
natal
natif
naval
navet
néant
nèfle
négre
neige
neuve
niche
nièce
nimbe
nique
nitre
nivet
nodus
noire

noise
nonze
nones
nopal
noter
notre
nouer
nouet
noyau
noyer
noyon
nuage
nuire
nuque
obéir
obier
objet
obole
obtus
océan
octif
odeur
ogive
olive
ombre
oméga
oncle
ondin

ongle	pagne	pause	petun
opale	païen	paver	phare
opéra	palan	Pavie	phase
opiat	palet	pavot	piano
opium	palme	payer	picot
opter	palot	péage	pièce
orage	palus	pêche	piété
ordre	pâmer	pedon	pigne
orgue	pampe	peine	piler
orion	paner	Pékin	pilon
orner	pause	peler	pince
orobe	papal	pelte	Pinde
ortie	papas	pelue	pinte
osier	pâque	pénal	piper
ouais	parer	penon	pique
ouate	parié	pensé	piste
oubli	Paris	pente	pitié
ouest-	parmi	pepie	piton
ouies	paroi	périe	pivot
ourse	parsi	péril	place
outil	parti	périr	plage
outre	pater	perle	plaid
ovale	patin	perot	plaie
oxide	pâtir	Pérou	plain
oyant	pâtis	Perse	plane
pacha	pâton	perte	plant
pacte	pâtre	peser	plier
padon	paume	petit	plomb

pluie
plume.
poêle
poème
poète
poids
poilu
point
poire
polir
polie
pompe
ponce
pondu
pongo
ponte
porte
poser
poste
potin
pouce
poule
pouls
prame
préau
prêle
prête
prier

prime
prise
privé
prône
prose
prote
proue
prune
pubis
puiné
puisé
pulpe
punch
punie
punir
quand
quant
quart
quête
queue
quine
quint
quote
rabat
râble
rabot
raclé
radié

radis
rafle
raine
raire
raler
ramas
ramer
ramon
rampe
rance
rangé
raper
raser
rater
raton
ravin
ravir
rayer
rayon
réale
rebec
rébus
rebut
rêche
récif
récit
recru
recto

recul
redan
redit
refus
régal
régie
régir
règle
règne
regna
reine
rejet
remis
remué
renal
renon
renvi
repas
repic
répit
reple
repos
reste
rétif
réuni
rêver
revue
rhume

riant	Rouen	salut	semer
ricin	rouet	salve	semis
rider	rouir	santé	sénat
rieur	roulé	sauve	sensé
rimer	roure	sapan	senti
riper	route	saper	sepia
rival	royal	sapin	serve
river	ruade	satin	série
rivet	ruban	sauce	serin
robin	rubis	sauge	serpe
robre	ruche	saule	serti
roche	rugir	sauré	servi
rôder	ruine	sauvé	séton
rogué	rural	savon	senil
roide	ruser	sayon	seule
rôler	sable	sbire	sevré
rôlet	sabot	scare	sexte
roman	sabre	sceau	shako
rompu	sacre	scéne	sicle
ronce	safre	scier	siége
ronde	sagou	séant	sieur
rouge	sagum	sèche	signe
rosat	saint	Sedan	silec
roson	salep	Seine	singe
roter	salin	seing	sinon
rotie	salir	seize	sinus
rotin	salon	sélam	siroc
rôtir	salué	selon	sirop

sison
sixte
sobre
solde
soler
sonde
songe
sopor
sorte
sorti
sotie
soude
soûle
soupe
sourd
soute
sphai
spalt
spare
spath
spica
spire
spode
stade
stage
stase
stéle
stère
stipe
store
stras
strié
stile
suant
suave
subir
subie
sucer
suçon
sucre
sueur
suint
suite
suivé
suivi
suite
sumac
super
supin
suros
tabac
tabis
table
tache
taire
taled
talon
talus
tamis
tanin
taper
tapir
tapis
tapon
tardé
tarer
targe
tarif
tarin
tarir
tarse
thême
thèse
tiare
tibia
tiède
tiers
tigré
tique
tirer
tiret
tison
titan
titre
toast
toile
toise
toman
tombe
toute
toque
torse
tortu
total
toton
touer
tourd
trace
train
trêve
tribu
tridi
trier
tripe
trois
trame
trans
trapu
tréma
trope
truie
tueur

tuile	varié	verve	voici
turbe	vaste	veche	voilà
tutie	veine	vesta	voile
tuyau	vélar	veste	voire
tyran	vêler	vêtir	voler
ukase	velir	vêtue	volet
ulemo	velte	veule	volte
umble	velue	veuve	volva
union	vendu	vexer	vomie
unité	vener	vider	vomir
urate	vengé	vieil	votif
urine	venin	vieux	votre
usage	venir	vigie	vouer
usine	vente	vigne	voûte
usité	venue	viole	voyer
usure	vêpre	virel	vraie
utile	verbe	viril	vulve
vache	verdi	virus	xyste
vagin	vérir	viser	yèble
vague	véron	vital	yeuse
vaine	verse	vitre	zèbre
valet	verso	vivre	zeste
value	verte	visir	
valve	vertu	vogue	

LES MOTS COMPOSÉS DE CINQ LETTRES, ET QUI ONT LA DEUXIÈME DOUBLÉE, SONT :

accès	accru	accon	accul

affut	appas	assis	issas
aller	appât	effet	issel
allan	appel	ennui	issue
alleu	appui	errer	occis
allié	arras	errés	offre
amman	arrêt	essai	ossue
ammon	arroi	essor	
annal	assez	essui	

CEUX QUI ONT LA TROISIÈME DOUBLÉE, SONT :

aussi	canne	dette	guéer
balle	carré	donne	halle
banne	cassé	ferré	happe
banni	celle	fesse	hesse
barre	cesse	fessu	homme
basse	cette	fille	honni
batte	cippe	folle	horte
battu	cirre	fosse	huées
belle	colle	gaffe	huppe
berri	comme	galle	hutte
bette	conné	gamme	jappé
biffé	connu	gemme	lazzi
bille	cosse	gesse	Lille
bonne	cossu	gille	lippe
bosse	cotte	gobbe	lippo
bossu	créer	goffe	lippu
botte	dalle	gomme	lisse
buffe	datte	gréer	lotte

lutte	natte	pomme	terre
malle	nemmi	renne	telle
manne	nette	rosse	tille
marre	nille	salle	tissu
marri	nippe	sarre	tolle
masse	nommé	sasse	tonne
matte	nonne	selle	tulle
messe	nulle	serre	vanne
mille	oille	sille	verre
molle	panne	sinné	vesse
motte	passe	sonné	ville
naffe	patte	sotte	yonne
nappe	pattu	suffi	yucca
narré	pelle	talle	
nasse	penne	tanne	

CEUX QUI ONT TROIS LETTRES ÉGALES, SONT :

avala	élève	épelé	étêté
ébène	émese	erèbe	nanan

CEUX QUI ONT LA QUATRIÈME LETTRE DOUBLE, SONT :

airée	augée	jetée	navée
aldée	fumée	lycée	risée
armée	fusée	marée	
athée	gelée	musée	

ET CEUX FINALEMENT QUI ONT LA DEUXIÈME ET LA QUATRIÈME LETTRES DOUBLÉES, SONT :

allée année innée.

§. V.

MOTS COMPOSÉS DE SIX LETTRES AVEC LA DEUXIÈME DOUBLE.

abbaye	appelé	assise	errata
affamé	apposé	assoté	erreur
affété	apprêt	assumé	errhin
affidé	arrêté	assuré	essaim
affilé	arrher	attelé	essayé
affiné	arrhés	attifé	essieu
afflué	arrien	attiré	essoré
afflux	arrime	attisé	essuyé
affolé	arrisé	effacé	féerie
affres	arrivé	effané	immolé
affûté	arrobe	effaré	irrité
allant	arrogé	effilé	occase
allége	arrosé	effort	occise
alloué	assaki	effroi	office
allure	assaut	emmené	offrir
appate	assené	ennemi	offert
appeau	assidu	ennuyé	offeux

LES MOTS DE SIX LETTRES QUI ONT LA TROISIÈME DOUBLÉE, SONT :

baller	bannir	bassin	biffer
ballet	bannie	basson	billet
ballon	barrer	battre	billon
ballot	barres	battue	billot
banner	basset	bellot	bissac

boccal
bonnet
bosser
bossue
botter
buffet
buffle
butter
carrer
casser
cassis
casson
coccyx
coffre
coller
collet
commer
commis
commué
commun
connue
corroi
cosser
cosson
cossue
cutter
daller
dessin
dessus
diffus
donner
ferrer
ferret
fessue
follet
gaffer
gallon
garrot
gommer
gréeur
happer
hisser
honnir
hutter
japper
jarret
lasser
latter
lattis
lettre
lippue
lisser
lutter
marrie
marron
masser
massif
massue
messer
messie
mettre
missel
mollah
mollet
mollir
motter
musser
narrer
natter
nonner
passer
passif
pattue
pennon
piffre
piller
pissat
pisser
pollin
rabbin
rappel
ressac
rossif
rosser
sabbat
sasser
seller
serrer
sifflé
siller
sillet
sillon
sommer
sonner
sonnet
sonnez
succès
succin
suffir
suffit
suppot
taller
tanner
tasser
terrer
terrir
tesson
tillac
tiller
tonner
tonnes
vanner

vassal	verrou	vesser	vessie
verrat	verrue	vesses	

CEUX QUI ONT LA QUATRIÈME LETTRE DOUBLÉE, SONT :

baille	cuisse	poussé	goutte
bailli	drissé	presse	gramme
baisse	drille	psylle	grappe
beurre	épissé	quitte	grasse
blatte	guetté	réussi	gratte
blessé	houssé	roussi	greffe
blette	bourra	rousse	grille
bouffe	ivette	sailli	grippe
bourre	laissé	étoffe	grosse
bourru	leurre	étonné	grossi
brassé	liasse	faussé	grotte
brelle	lierre	flurre	guerre
brette	lionne	fieffé	sienne
brosse	maille	flamme	steppe
caille	mienne	flatté	suette
caisse	miette	flotte	suisse
chasse	moëlle	frappé	touffe
chatte	mourre	freste	touffu
classe	mousse	fritte	tresse
clisse	moussu	frotte	trille
coiffe	muette	glette	troppe
courre	nielle	glissé	truffe
crasse	pierre	glotte	veille
crotte	pourri	gousse	vrille

MOTS DE SIX LETTRES, QUI ONT LA TROISIÈME ET LA CINQUIÈME DOUBLÉES.

bullée
buttée
donnée
hattée
hottée
huppée
jattée
lippée
nommée
pellée
pommée
possée
serrée
tannée
vallée

MOTS DU MÊME NOMBRE DE LETTRES, DONT LA DEUXIÈME ET LA QUATRIÈME SONT DOUBLÉES.

allées années déesse innées réelle

MOTS COMPOSÉS DE SIX LETTRES QUI EN ONT TROIS ÉGALES.

ananas
biribi
décédé
décélé
déféré
déjeté
démêlé
démené
dételé
élégie
élever
élisée
empesé
endêve
entêté
entrée
espèce
espéré
estère
éthéré
étuvée
évêché
évêque
excédé
genèse
infini
karata
malaga
mécène
melèze
recédé
recélé
remède
remené
réméré
repère
répété
révélé
senevé
végété
vénéré

§. VI.

MOTS COMPOSÉS DE SEPT LETTRES, QUI EN ONT DEUX DOUBLÉES.

abbesse
alliées
assommé
atterré
beurré
bouffée
bourrée
brassée
chassée
emmotté
essette

§. VII.

MOTS COMPOSÉS DE HUIT LETTRES AVEC DEUX DOUBLÉES.

abbesses	billette	desserré	mollette
assiette	billonné	dessillé	nonnette
assommer	bonnette	emmeillé	oppressé
assommés	bossette	emmiellé	pommette
atterrer	bouffées	emmottes	sellette
atterrés	bourrées	fossette	serrette
atterrir	brassées	hommasse	sillonné
ballonné	cannelle	illettré	sonnette
bannette	carrosse	mallette	terrasse
barrette	cassette	marronné	tonnelle
bassette	charrées	massette	tonnerre
bellotte	dessellé	mollesse	

§. VIII.

LE MOT D'UN NOMBRE INDÉFINI DE LETTRES, QUI EN AURA TROIS DOUBLÉES, SERA UN DES SUIVANS :

commissionnaire	empennellées
commissionnaires	grassouillette
commissionner	grassouillettes
commissionné	insurrectionnelle
commissionnés	insurrectionnellement

§. IX.

TOUS LES MOTS QUI AURONT QUATRE SIGNES OU PLUS DE LA MÊME FORME, CES SIGNES SERONT TOUJOURS DES E OU DES I, ET LE MOT SERA UN DES SUIVANS :

décèlement
dégénéré
dégénérer
désespérante
désespérément
désespérade
désespérer
déterminement
développement
ébénisterie
ecclésiastiquement
échelette
échevelé
effectivement
effervescence
eflorescence
élémentaire
empêchement
empellement
empennellé
empenneller
empennellées
empeseuse
emphysemateuse
empiétement
encensement
enchanteresse
enchérissement
enchevêtrer
enchevêtrure
enchifrénement
encorbellement
énergiquement
énergumène
enregistrement
enseignement
ensévelissement
ensorcellement
entérinement
entérocèle
enterrement
entêtement
entièrement
entrelacement
entremetteur
entremetteuse

entremettre
entreprenante
entreprendre
entrepreneur
entrepreneuse
entretenement
enveloppement
éphémérides
érysipélateuse
épopetterie
espièglerie
essentielle
essentiellement
éternelle
éternellement
éternement
étincellement
étrécissement
évangeliquement
évènement
éventuellement
exemplairement
excellemment
excellence
excellente
excellentissime
excessivement
excrémenteux
excrémenteuse
excrémentiel
excrémentielle
exécrablement
exécutrice
exégèse
exégètes
exégetique
expressement
imbibition
inamissibilité
inamovibilité
incirconcision
incitabilité
incivilisé
incivilité
incorrigibilité
indéfectibilité
indisciplinable
indiscipline
indisposition
indissolubilité
indivisibilité
indivisible
indivisiblement
infaillibilité
infinitésimal
inflexibilité

inhibition
inintelligible
initiation
initiative
inquisition
insatiabilité
insensibilité
insignifiance
insignifiant
insignifiante
insipidité
insociabilité
intervertissement
intérieurement
invariabilité
inviolabilité
invisibilité
irréductibilité
irrégulièrement
irréligieusement
irremédiablement
irrépréhensible
irrépréhensiblement
irrésistibilité
irritabilité
légèreté
redemeurer
régénérateur
régénéré
régénérer
relèvement
repeuplement
représenter
représente
réverbère
révéremment
révérence
révérencielle
révérencieusement
revérencieux
révérencieuse
révérende
révérendissime
risibilité
sellerière
sérieusement
témérairement
temporellement
véhémence
véhémente
véhémentement
véneneuse
vénérienne

Il faut excepter quelques mots peu usités où ces signes pourraient être des O, comme : *locomotion*, *monocotylédone*, *Nabuchodonosor*.

§. X.

MOTS LES PLUS USITÉS COMPOSÉS DE DEUX MÊMES SYLLABES.

baba	chercher	même
bonbon	dodo	papa
caca	fanfan	tac-tac
cancan	flonflon	tam-tam
coco	joujou	tête
coucou	mama	ton-ton
couci-couci		

§. XI.

DESCRIPTION DES MOTS QUI SE TROUVENT AVOIR DES VOYELLES DOUBLES, AU COMMENCEMENT ET DANS L'INTÉRIEUR.

aar
aare
agréer
agrées
coobligé-er-es-éc-ées
coopération-ons
coopérateur-eurs
coopératrice-ces
coopéré-er-es-ée-ées
cooptation

coopté–er–es–ée–ées.
coordination
coordinations
coordonné–ner–nés–née–nées.
créer–és–ées
épizootique–ques
européen–péens–péennes
féerie–ries
gréer–éés–éées
gréeur
gréément–mens
nauséer–ées–éées
prééminence–ent–ente.
préétabli–ir–ic–is–ies.
préexistence
préexister–ent–ente.
Raab
recréer–ées–éées.
réédifié–er–és–ée–ées
réédification
réel–lle–lles.
réellement
sloop
spleen, *maladie de langueur*
zoographie
zoolâtre–es, *adorateur des animaux*
zoolathe–thes, *partie d'animal changée en pierre*
zoolithe–thes

zoologie
zoologique-ques
zoologiste-gistes
zoophore-ores
zoophyte-tes, *corps naturel qui tient de l'animal et de la plante*
zoophitologie, *partie d'histoire naturelle qui traite des zoophites.*
zootomie, *anatomie des animaux.*

§. XII.

Toutes les fois que nous trouverons deux mêmes signes doubles dans un seul mot, ces signes seront des S, et le mot sera un des suivans :

assassin
assassinat
assainissement
dessaisissement
épaississement
essourisser
grossesse
possession
possessions
possessif
possessoir
ressasser
ressassé
ressassés

§. XIII.

Quand nous trouverons dans un corps d'écriture deux mêmes mots de trois signes qui se suivent, et qu'au milieu d'eux s'y trouve un signe isolé, ce sera un des suivans :

bec-à-bec	mot-à-mot	sac-à-sac
dix-à-dix	nez-à-nez	six-à-six
feu-à-feu	peu-à-peu	vin-à-vin
gré-à-gré	ric-à-ric	vis-à-vis

§. XIV.

Il s'agit maintenant de savoir bien appliquer les règles que nous venons d'exposer par le moyen de combinaisons, au sens que nous croirons le plus convenable et parfait, et au fur et à mesure que nous découvrirons un signe, nous aurons soin de placer au dessus de tous ceux de la même forme, la lettre qui leur correspond, et elle nous aidera à en trouver d'autres. S'il nous manque une seule lettre pour avoir le vrai sens d'un mot, pour le trouver, il faut parcourir attentivement toutes les lettres de l'alphabet, et en les comparant l'une après l'autre à l'endroit où elle manque; nous trouverons sa juste valeur. Exemple :

Si dans le mot composé des signes † 8 ( ) [7 ∸ ⌐ –,
c o m i e n
nous avions trouvé † 8 ( ) [7 ∸ ⌐; en parcourant les lettres de l'alphabet, nous saurons que la lettre B complètera le mot, et nous donnera *combien*. En suivant exactement cette marche, nous viendrons à bout de déchiffrer avec la plus grande facilité, et presque sans nous en apercevoir, une écriture faite par les signes les plus extravagans et les plus capricieux possible.

CHAPITRE TROISIÈME.

Quoique nous pensions avoir démontré par des règles exactes, les principes de cette science, nous allons en faire, par ces mêmes moyens, l'application de quelques unes, sur une missive secrète.

§. Ier.

Méthode dont se servait Jules-César pour assurer le secret de sa correspondance ; c'est-à-dire en intervertissant les lettres de l'alphabet ordinaire, ou en remplaçant les lettres de la missive réelle par d'autres signes convenus. Exemple :

1.	2.	3.	4.	5.	6.
Avlnpk	fy	gld	op	qvpfcd	dfc

7.	8.	9.	10.	11.
gzecp	qpypecp	pe	yzfd	dlfczyd

12.	13.	14.	15.	16.	17.
bf' tv	pde	epxad	op	dp	xpeecp

18.	19.
py	xlcnsp.

a b c d e f g h i j k l m n o p q r s t u v x y z.

Avant de commencer la traduction d'une écriture en chiffres, il est important que le déchiffreur en tire, pour la première fois, une copie à part ; qu'il dessine dans le bas, l'alphabet comme nous venons de le faire, pour lui servir d'intelligence, et y efface les lettres à mesure qu'il les découvre.

Nous voyons donc dans la missive ci-dessus, que le *p* est la plus répétée des lettres ; en effet, elle s'y présente quinze fois. C'est alors très probablement un E, et cette hypothèse est d'autant plus fondée que nous voyons le *p* employé dans les bigrammes *op*, *dp*, *pe*, *py*. Nous trouvons que dans le 18ᵉ mot, il y a un *y* après le *p* ; en retenant que le *p* représente un E, l'*y*, d'après ce que nous avons signalé, sera un T ou un N ; mais si nous lui appliquons la valeur d'un T, nous ne tarderons pas à nous apercevoir que nous sommes dans l'erreur, car cette même lettre se trouve la deuxième dans le second mot *fy*, et en français, nous n'avons parmi les bigrammes, que le mot *et* qui finit par un *t* ; en conséquence, l'*y* sera nécessairement un N, parce qu'elle se représente deux fois dans deux mots différens de deux lettres. Marquons ainsi un N en dessus de chaque *y*, conformément à ce que nous avons dit au dernier paragraphe du chapitre précédent. Ensuite, comme nous devons saisir le premier mot qui nous présente le plus de facilité pour être connu, nous prendrons le 13ᵉ $\overset{e}{-}$ *d e* : nous avons remarqué dans les trigrammes que les mots *est* et *eux*, sont les seuls un peu fréquentés qui commencent par E. Or, ce mot ne peut pas être *eux ;* car la troisième lettre serait un X, et celui-ci ne se double jamais dans aucun mot, comme on le voit au 17e ; par cette seule raison, lé mot $\overset{e}{-}$ *d e*, ne peut représenter que celui de *est*. *F*, au deuxième mot, *fy*, ne peut être qu'un U, et le motif est, qu'au 12me mot, nous avons les deux premières lettres *bf* apostrophées, lesquelles sont *q*, *u* (Chap. 1er, §. 6.) Ayant marqué à leur place les trois lettres nouvellement découvertes, nous verrons que dans le sixième mot $\overset{s}{-}\,\overset{u}{-}$ *c*, il ne nous reste plus qu'à trouver la valeur de la lettre *c ;* en mesurant à sa place l'une après l'autre, les lettres de l'alphabet qui nous restent encore à découvrir, nous obtiendrons, à l'aide de R, le mot *sur*. Dans le 10e mot $\overset{n}{-}$ *z* $\overset{u}{-}\,\overset{s}{-}$, où il ne manque plus que la deuxième lettre, en faisant la même manœuvre, nous aurons le mot *nous*, à l'aide de l'O. Cherchons maintenant ce que signifie *l* dans le 11e mot $\overset{d}{-}$ *l f* $\overset{c}{-}\,\overset{z}{-}\,\overset{y}{-}\,\overset{d}{-}$, nous trouverons qu'elle représente A, et ainsi le mot sera *saürons*. Dans le 8e mot, la première lettre *y* représente F, et le mot est *fenêtre*. Ainsi de suite, jusqu'à ce que nous ayons trouvé la valeur de toutes les lettres ou chiffres, et nous aurons pour résultat la traduction suivante de cette missive.

Placez un vase de fleurs sur votre fenêtre, et nous saurons qu'il est temps de se mettre en voyage.

LA MÊME MISSIVE EN CHIFFRES.

1. 14. 8. 6. 24. 11. 7. 9. 10. 8. 4. 16. 24.
15. 14. 24. 7. 13. 4. 7. 13. 10. 22. 18. 13. 24.
15. 24. 9. 24. = 18. 13. 24. 24. 18. 9. 22. 7. 4.
4. 8. 7. 13. 22. 9. 4. 23. 7.' 19. 14. 24. 4. 18.
18. 24. 3. 1. 4. 16. 24. 3. 24. 18. 18. 13. 24.
24. 9. 10. 22. 12. 8. 20. 24.

Il est possible que quelquefois en parcourant les lettres de l'alphabet, nous trouvions quelques mots analogues, dans ce cas, c'est le sens de la phrase qui doit nous guider pour en supposer un, en attendant de découvrir le reste.

§. II.

Les modèles qui suivent, sont tracés exclusivement pour procurer aux amateurs, l'agréable occasion d'exercer leur intelligence et leur capacité.

TABLE PREMIÈRE.

Fgrxlu sxg n' ctigpv guv n' qzigv fgu fgultu fg ejcexp qp pg hclv rnxu tlgp fg sxgnsxg lorqtvcpeg sxg rct nqp ugeqxtu. Ngu hqpvgtguugu ngu rnxu hqpvgu vqodgpv fgycpv nxl· nc ycngxt ogog, gv nc ygtvx, uxeeqodgpv ghhgv fg eg ogvcn.

TABLE II.

Oe udgrpsdqvd qd hrmx nepemv dxud od vdyo fyx hy vduzmgd ty' rq udqh. Gdya tym ejmvvdqx yqmtydpdqx seu gd prxmi, vd xuryzdqx xudv vryzdqx xurpsdv; geu hdv ty'mo seuemx tyd g'dvx dood tyd o'rq e dq zyd, ormq h'rfxdqmu gd ty' rq exxdqh, rq dvx udjeuhd ezdg od hduqmdu pdsumv.

TABLE III.

Dllhfbhz g' hbzh adjdub svzayc' vu uh adqb zqhu gc bvcb, vc jvcsvqz xdzdqbzh ideqsh gdua cuh afqhufh yc' vu qpuvzh bvcb d ldqb, fvtth qs n hu d ehdcfvcx, hab cu fdzdfbhzh gha xsca zqgqfcsha. Qs xhcb thth hbzh eqhu avcjhub bzha gduphzhcm.

TABLE IV.

Mejx rnx ynix uzn jlzx xliinx, gn j' nxy sex ylzhlzvx sev rn xealtv uz'lj lfytnjy mnx fnjnotgnx, ny mnx nisrltx. R'tpjlvejgn, ny zjn vngliiejmeytlj sztxxejyn, rn srzx xlzanjy, ytnjy rtnz mn gese-gtyn ny m'nvzmtytlj.

TABLE V.

P'rtmjhzmxo vo xohfzrmog lohgjmmog dz ieopieo ujrg qegie' z p'ocxog, of pjhgieo jm poeh uzrf honzhieah vog uzefog thjgg-rohog of hrvrxepog, oppog lho-fomvomf omxjho zdjrh vog hzrgjmg dzpzypog ljeh on ztrh zrmgr.

TABLE VI.

Yaz otqd bqdq, vq hage qodue mgvagdp' tgu, cgu qef xgzpu, bmd xq oagdduqd cgu bmdf ymdpu, ux mdduhqdm otql hage yqdoqpu, hage mgdql ym xqffdq vqgpu, hage y' qzhqddql pq x' mdsqzf hqzpdqpu, cuzaz vq bmdfudmue emyqpu, bagd qfdq otql hage puymzotq.

§. III.

MÉTHODE JAPONAISE.

Dans le cas où après avoir épuisé toutes recherches, on ne serait amené à aucun résultat satisfaisant, on en conclurait qu'un autre système a été employé, celui, par exemple, des Chinois ou des Japons, qui forment leur écriture en descendant et en remontant, suivant les lignes verticales, au lieu d'écrire horizontalement comme nous le faisons en Europe; par exemple la missive suivante :

a k. f o p. c d. z e y p z f c z t v. p x d p. c p. c n
v p y. d g f d g c p e y d. f y f p e a p. x e p l s
l n g l v p f c. p. g c p. d l d. b d c. d. o p e y. x p.

qui n'a pas pû être déchiffrée à la manière que nous venons d'indiquer. On la rétablit suivant le vrai sens, en écrivant sur une ligne horizontale, et dans cet ordre, savoir :

1° Les trois lettres de la première colonne verticale *a v l.*

2° A la droite de celle-ci, les trois lettres de la deuxième colonne verticale ; mais en allant du bas en haut, et ainsi de suite, en prenant du haut en bas, les lettres des colonnes d'ordre impair, et du bas en haut, celles des colonnes d'ordre pair. De cette manière la dépêche ci-dessus deviendra :

A v l n p k f y g l d o p g v p f c d d f c g z e c p g p y p e c p y z f d d l f c z y d b f t v p d e e x p a d o p d p x p e e c p p y x l c n s p.

Ici nous n'aurons plus à opérer que sur une dépêche écrite dans le système de Jules-César.

Très souvent la méthode Japonaise se découvre par elle-même, en laissant apercevoir plusieurs mots, qui commencent, ou qui finissent par deux ou trois mêmes chiffres.

§. IV.

MÉTHODE PAR PARALLÉLOGRAMME.

Si on n'obtenait encore aucun résultat, on ferait d'autres recherches. Supposant qu'on ait employé la méthode pour parallelogramme. Voici une dépêche dans ce système :

I r *l* a e f n *u* *s* a *n* *e* r v u a s e o *t* g *e* n
u *a* i d d *s* o s o e t n s u *z* r z o t v o *e* n *e*
o u h *s* d u v e v *e* *s* c n e r o *r* n i *n* e e *z*.

Pour en trouver la clef, il faut écrire de nouveau cette missive, et placer

1° La deuxième lettre, *r*, sous la première *i*.

2° Descendre la quatrième lettre *a*, sous *r*, et la cinquième *e*, sous *l*, en laissant cette dernière sur la même ligne que *i*.

3° Prenons-en maintenant trois, *n u s*, laissons également la lettre *f* sur la ligne, et plaçons *n* sous *a*, *u* sous *e*, *s* sous *f*.

4° Laissons également la lettre suivante *a*, sur la ligne, et descendons les quatre après, *n*, *e*, *r*, *v* ; c'est-à-dire une de plus que tout-à-l'heure, et plaçons *n* sous *n*, à la première colonne verticale, *e* sous *u*, à la deuxième, *r* sous *s*, à la troisième, et *v* sous *a*, à la quatrième.

5° Continuant ainsi de descendre quatre lettres à la

fois en laissant toujours la cinquième sur la ligne, nous obtiendrons

I	l,	f	a	u	t,	à,	o	n	z	e,	h	e	u
r	e	s,	v	o	u	s,	t	r	o	u	v	e	r
a	u,	r	e	n	d	e	z,	v	o	u	s,	o	n
n	e,	s	e,	d	o	u	t	e,	d	e,	r	i	e
n,	a	g	i	s	s	o	n	s,	v	e	n	e	z

Si on avait employé d'autres signes particuliers au lieu de lettres, il faudrait encore revenir à la méthode de Jules César, et déchiffrer comme nous l'avons indiqué.

§. V.

MÉTHODE SCOTT, OU DUMOINS CELLE INDIQUÉE PAR LUI.

Les dépêches ou missives secrètes, ne sont pas ordinairement trop longues, ainsi un déchiffreur habile peut plus facilement en découvrir la clef; le moindre délié, un petit point, ou tout autre signe répété de distance en distance, peut lui fournir beaucoup de moyens.

EXEMPLE.

Je vien*s* d'obtenir u*n*e audien*c*e du *R*oi ; j'*e*spère que *v*otr*e* gr*ace* vou*s* s*e*ra acco*r*dée ; je suis enchanté *d*'être l*e* premie*r* à vous annoncer *cet*te heureu*s*e nou*v*e*l*le ; fait*e*s *d*onc courage, *m*on ami , *v*ous all*ez* être rend*u* à votre épons*e* et à vos en*f*a*n*s, Ad*i*e*u*, cher ami, je ne vo*i*s que le mome*n*t de vous *e*mbrasser, *a*die*u*.

CLEF.

6	17	15	18	2	19	14	20	13	1	0	22	3	7	10
a	b	c	d	e	f	g	h	i	j	k	l	m	n	o

16	21	9	4	12	8	5	23	25	11
p	q	r	s	t	u	v	x	y	z.

EXPLICATION.

Le nombre de lettres non italiques qui précèdent une italique, jusques et y compris celle-ci, indiquent le chiffre de la clef que nous voyons ci-dessus, sous lequel il faut chercher la lettre véritable. Ici, il y a six lettres avant *s*, qui forment avec l' *s* le nombre sept, sous lequel nous trouverons *n* dans le tableau de la clef. De *s* à *n*, seconde italique, nous trouverons dix lettres de la même manière; nous chercherons donc la lettre qui se trouve sous le nombre dix. C'est *o* que nous mettrons à côté de *n* déjà trouvé, et ainsi de suite, jusqu'à ce que nous ayons trouvé la traduction suivante :

Nous sommes en danger, venez à notre secours.

Si on avait mis sous les numéros de la clef, des signes ou d'autres caractères, au lieu de lettres, on n'aurait à opérer sur ces signes que comme à la manière ordinaire.

§. VI.

MÉTHODE DONT SE SERVAIT LE COMTE GRONFELD POUR ASSURER LE SECRET DE SA CORRESPONDANCE.

3 5 4 3 5 4 3 5 4 3 5 4 3 5 4 3 5 4 3
N i j g r h t e o f s l v y h p y h t

5 4 3 5 4 3 5 4 3 5 4 3 5 4 3 5 4 3 5 4
g h v y h p z l v p h r e v u e j g h h

3 5 4 3 5 4 3 5 4 3 5 4 3 5 4 3 5 4 3 5 4
n e u l a l g v h r v h u u y g r i c g h

3 5 4 3 5 4 3 5 4 3 5 4 3 5 4 3 5 4 3 5
n i v j e y v i y t x g g k u c y c q z

4 3 5 4 3 5 4 3 5 4 3 5 4 3 5 4 3 5
l n r h u i x t s y y i d y g y p i

4 3 5 4 3 5 4 3
e c y x g v l g.

Pour déchiffrer cette missive, il n'y a qu'à compter en arrière à partir de chacune de ces lettres prises dans un alphabet quelconque, autant de lettre que le chiffre au-dessus indique d'unité ; la dernière ainsi comptée sera celle qui devra être substituée pour en commencer le développement. Ici, par exemple, la première lettre *n*, porte le chiffre 3, nous compterons *n*, *m*, *l* ; la troisième lettre *l*, remplacera *n* ; de même *i*, qui est surmonté de 5, en comptant *i*, *h*, *g*, *f*, *e*, il devra être remplacé par *e* qui, dans l'alphabet comme nous voyons, se trouve la cinquième lettre avant *i* ;

par conséquent le premier mot, *Ni*, sera remplacé par *Le*, et ainsi des autres. En suivant cette marche, nous trouverons de la missive, la traduction suivante :

Le général doit tenter cette nuit le passage de la rivière, presque en face les hauteurs de Grats, où il ne se trouve aucune batterie.

§. VII.

MÉTHODE DE LORD BACON.

Cette méthode consiste à employer des combinaisons de plusieurs signes, pour un signe seulement. Exemple : la missive suivante.

bbbbb aaaaa babba abbbb abaaa
aabab, abbbb bbbba aabbb abbbb,
aabaa abaaa, babbb aabbb babaa
abbbb abaaa, aaabb abaaa bbbab
abaaa aabab.

CLEF.

a	aaaaa	g	baaab	m	bbbaa
b	aaaab	h	baaba	n	bbbab
c	aaaba	i	babaa	o	bbbba
d	aabaa	j	bbaaa	p	bbbbb
e	abaaa	k	bbaab	q	baabb
f	baaaa	l	bbaba	r	babba

s	babbb	v	aaabb	y	abaab
t	abbbb	x	bbabb	z	aabab
u	aabbb				

Mais quand on a à déchiffrer une missive de plusieurs combinaisons de signes, ou de signes trop compliqués et difficiles à distinguer, il faut, avant tout, pour en faciliter la traduction, que le déchiffreur remplace chaque combinaison différente par un seul signe plus simple et plus familier. Exemple : la même missive, traduite par des signes plus simples :

8 4 ꝗ 5 † 0. 5 ⌒ ‿ 5. 2 †. 9 ‿ 6 5 †. — † 3 † 0.

nous donnera moins d'embarras et moins d'étude de comparaison pour atteindre ce sens : Partez tout de suite, venez.

L'avantage de ce système consiste en ce qu'il peut être combiné dans une dépêche qui n'inspire aucun soupçon, telle que celle dont nous avons parlé dans la méthode Scott. En remplaçant toutes les lettres italiques d'une missive, par A, ou par B, selon que le cas l'exige ; mais nous qui en sommes avertis, en comparant cette traduction cinq lettres par cinq lettres, avec l'alphabet ci-dessus, nous en trouverons le sens.

Cette méthode, ainsi que la dernière qui, dans l'opinion des auteurs, étaient considérées comme indéchiffrables, ont cessé de l'être de nos jours.

§. VIII.

MÉTHODE APPELÉE DES DIVISEURS.

—

Dépêche réelle en lettres.

1	1	2	3	4	5	6	7	8	9	10	11	12	13	14	15
1	d	i	t	e	s.	n	o	u	s.	s	i.	v	o	t	r
2	e.	g	é	o	l	i	e	r.	v	i	e	n	t.	a.	l
3	a.	r	a	i	s	o	n.	e	t.	s	i.	o	n.	p	e
4	u	t.	a	r	r	i	v	e	r.	a.	v	o	u	s.	a.
5	f	o	r	c	e.	d'	a	r	g	e	n	t.	s	e	r
6	v	e	z.	v	o	u	s.	d	e.	c	e.	c	h	i	f
7	f	r	e.	t	a	n	t.	q	u'	o	n.	n	e.	l	e.
8	s	o	u	p	ç	o	n	n	e	r	a.	p	a	s.	n
9	o	u	s.	p	r	e	n	d	r	o	n	s.	l'	a	u
10	t	r	e.	s	i.	n	o	u	s.	y.	s	o	m	m	e
11	s.	f	o	r	c	é	s.								

La même Dépêche en chiffres.

7	2	4	1	11	15	3	10	5	13	6	12	8	14	9
o	i	e	d	i.	r	t	s	s	o.	n	v	u	t	s.
e	g	o	e.	e	l	e	i	l.	t	i	n	r.	a	v
n.	r	i	a.	i.	e	a	s	s.	n.	o	o	e	p	t.
v	t.	r	u.	v	a.	a	a.	r	u	i	o	e	s.	r
a	o	c	f	n	r	r	e	e.	s	d	t.	r	e	g
s.	e	v	v	e.	f	z.	c	o	h	u	c	d	i	e
t.	r	t	f	n.	e.	e.	o	a	e.	n	n	q	l	u
n	o	p	s	a.	n	u	r	ç	a	o	p	n	s.	c
n	u	p	o	n.	u	s.	o	r	l'	e	s.	d	a	r
o	r	s	t	s	e	e.	y.	i.	m	n	o	u	m	s.
s.	f	r	s			o		c		é.				

On voit que pour écrire d'après cette méthode, il suffit d'écrire d'après la manière ordinaire, mais en isolant les lettres pour les faire correspondre suivant les colonnes verticales, qu'on numérote comme on le voit ci-dessus. Puis pour le secret, on écrit de nouveau les mêmes lettres, mais en intervertissant l'ordre des colonnes verticales, comme nous venons d'en donner l'exemple; on pourrait encore en ce cas, employer des chiffres ou tout autre caractère.

§. IX.

MÉTHODES OU COMBINAISONS DU THÉLÉGRAPHE.

△ Ncesieees odrelunom uescfrduu aeriueeos snuradrmr vmlatlcu srrsursr ooanpaor nubtofni vseorats llhdhcnu uecllnao dnetnpis ucnsnrne eaeaoets.

TRADUCTION.

Nous avons vu le duc de Nemours s'élancer sur la brêche, en s'écriant : « Soldats! il faut, pour l'honneur de la France, prendre Constantine, ou mourir sous ses murs. »

PRÉPARATION.

	A	B	C
C B A	uescfrduu	odrelunom	ncesieees
B C A	vmlatlcu	snuradrmr	aeriueeos
B A C	nubtofni	ooanpaor	srrsursr
C A B	uecllnao	llhdhcnu	vseorats
A C B	eaeaocts	ucnsnrne	dnetnpis

On place trois lettres ou chiffres, n'importe, au commencement de trois colonnes verticales ; puis les autres combinaisons CBA, BCA, BAC, CAB, ACB, on les place au commencement d'autant de lignes horizontales.

Prenons maintenant la dépêche à écrire : Nous placerons chacune des lettres dans chacune des colonnes verticales indiquées par l'ordre des lettres qui commencent chaque ligne horizontale ; ainsi pour le premier mot *nous*, *n*, se place dans la dernière colonne verticale C, parce que la première lettre de la ligne horizontale CBA est C; *o* se mettra dans la colonne verticale B, car B est la deuxième lettre de cette combinaison ; enfin la lettre *u*, qui est la troisième de *nous*, se mettra dans la colonne verticale A, étant celle-ci, la troisième lettre de la même combinaison. Comme les trois colonnes verticales de la première colonne horizontale ont reçu chacune une lettre, la quatrième *s*, sera portée sur la deuxième ligne horizontale BCA, et dans la colonne verticale B, car cette lettre est la première qui commence la combinaison BCA ; C étant la deuxième lettre de cette même combinaison, *a* se placera sur la même ligne, dans la colonne verticale C, et ainsi de suite. Quand toutes les lettres seront ainsi placées, on n'aura plus qu'à la recopier, en ayant soin de mettre à la tête de la dépêche un triangle ou un carré, suivant qu'on a employé de combinaisons, de trois, ou de quatre lettres ou chiffres.

§. X.

AUTRE DÉPÊCHE OÙ L'ON A EMPLOYÉ UNE COMBINAISON DE QUATRE NUMÉROS.

—

CHIFFRES.

☐ Airenol esdaiat relidmt pmamtmo aomupdl snassni oseirme vurbeel emnsdtr rooeenu ismdses smtpadt eaeenrl userslu ypttuas seaeneo urtseme ceeueep ondsflo nvuades bsnttdn tnoreas muusaei aacttrt ssdcpa douelp eupsae preolu iebnut snuiii ueossr adldoc hetrpl raubar amqalo creemo srases niilie eefelt etlete ecpnmn udadcl tsrtep nepaoa rslevs ttamao onacee foestt ritneb eapolr etieea pnomll tnrtar eeiipe eeeeih dlnlrc ceetle cntet vglste tenocf.

TRADUCTION.

Après avoir essuyé un combat des plus acharnés, et une forte perte de victimes, nous sommes parvenus à nous rendre maîtres de Constantine.

Le général Damremont a été tué d'un coup de boulet qui l'a frappé à la poitrine. L'ennemi a subi des pertes aussi très considérables, et dans ce moment, il est tout dispersé dans une défaite la plus complette.

Le comte Vallée a pris le commandement de l'armée.

Le drapeau tricolore est planté sur la brêche et flotte sur tous les points.

PRÉPARATION.

	1.	2	3.	4.
4123	pmamtmo	relldmt	esdaiat	airenol
3412	vurbeel	oselrme	snassnl	aomupdl
2341	smtpadt	ismdses	rooeenu	emnsdtr
1324	seaeneo	ypttuas	userslu	eacenrl
4132	nvuades	ondsflo	ceeueep	urtseme
2413	aacttrt	muusaei	tnoreas	bsnttdn
3241	prelou	eupsae	douelp	ssdcpa
4231	adldoc	ueossr	snuiii	iebnut
1423	creemo	amqalo	raubar	hetrpl
3142	etlete	eefelt	niilie	srases
2314	nepaoa	tsrtep	udadcl	ecpnmn
1243	foestt	onacee	ttamao	rslevs
4124	pnomll	etleea	eapolr	ritneb
4312	dlnlrc	eeeeih	eellpe	tnrtar
2431	tenocf	vglstc	cnnlet	ceclle

RÉSUMÉ.

Ayant à déchiffrer une dépêche de cette nature, et faite par une combinaison de trois lettres ou chiffres, vous devrez commencer par placer tous les chiffres de la dépêche dans le tableau préparatif, et dans cet ordre : le premier mot dans la troisième colonne verticale C; le deuxième mot dans la deuxième colonne verticale B; le troisième mot dans la première colonne verticale A; le quatrième mot dans la troisième colonne verticale sous le premier mot; le cinquième, dans la deuxième colonne, sous le deuxième mot; le sixième, dans la première colonne, sous le troisième mot; et ainsi de suite jusqu'à la fin. Après cela, on devra extraire toutes les lettres du tableau, dans le même ordre qu'elles y ont été placées; et en les portant à part les unes après les autres dans des lignes horizontales, on en trouvera la traduction.

Ayant à déchiffrer une dépêche écrite par une combinaison de quatre lettres ou chiffres, vous n'aurez qu'à suivre absolument la même marche.

§. XI.

MÉTHODE OU ÉCRITURE MAÇONNIQUE.

L'écriture dont se servent les maçons, n'est pas difficile à lire, car ils ne font que remplacer les lettres de l'alphabet ordinaire, par des signes assez simples. Pour lire cette écriture, il ne s'agit que de suivre la marche que nous avons prise pour la méthode de Jules-César.

Les maçons, quoiqu'ils aient plusieurs alphabets différens, ils se ressemblent tous. Celui dont nous allons tracer le modèle, est le plus commun :

ALPHABET.

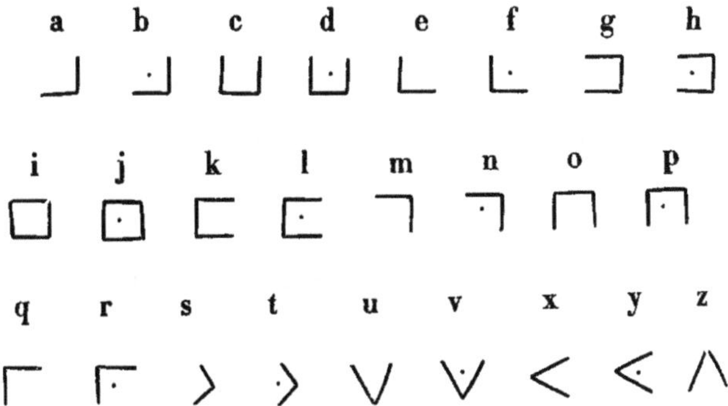

Voici la manière dont il se forme.

a	c	e
g	i	k
m	o	q

b	d	f
h .	j.	. l
n	p	r

u
s x
z

v
t y
n

Les figures qui n'ont pas de points, indiquent les lettres de l'alphabet d'ordre impair, et celles qui sont munies d'un point, représentent les lettres de l'alphabet d'ordre pair.

Voici une missive écrite au moyen de cet alphabet.

TRADUCTION.

Ne manquez pas d'être chez moi à onze heures ; tout est en ordre. Notre fortune est faite. Adieu.

AUTRE MISSIVE ÉCRITE AVEC LE MÊME ALPHABET, MAIS D'UNE MANIÈRE PLUS COMPLIQUÉE.

TRADUCTION.

Notre conspiration est découverte; déjà plusieurs arrestations ont été faites. Fuyons, mon cher ami, nous sommes en danger; fuyons!

Ici, comme l'on voit, on a employé les mêmes signes; quelques-uns plus ou moins liés ensemble; mais ceci ne doit nullement embarrasser le déchiffreur, car il suffit d'un instant d'examen pour saisir le secret qu'on a voulu employer.

§. XII.

MÉTHODE OU L'ON EMPLOIE UN ALPHABET DIFFÉRENT POUR CHAQUE LIGNE.

CHIFFRES.

Opvt tpnnft b upvuf fyusfnjuf: mft tpmfcvu ug tgyqnvgpv, lg p'qp uxku rnxu ockvtg.

Kdxhc zryv grqf gh qryv vhfryulu.

TRADUCTION.

Nous sommes à toute extrémité : les soldats se révoltent, je n'en suis plus maître.

Hâtez-vous de nous secourir.

Ainsi, pour chiffrer cette missive, nous avons pris cette marche ;

1° Nous avons écrit à part la missive à la manière ordinaire ; nous avons fait le tableau qui suit, et qui est composé de différens alphabets, prenant les lettres pour chaque ligne de la missive réelle, dans le premier alphabet de ce tableau.

2° Pour chiffrer la première ligne de la missive, nous avons remplacé les lettres de ce premier alphabet, par celles qui lui correspondent dans le deuxième.

3° Pour la deuxième ligne ce sont les lettres correspondantes du troisième alphabet, qui ont été substituées ; et pour la troisième ligne, ce sont celles correspondantes du quatrième alphabet.

La comparaison de la dépêche ci-dessus, et de la traduction avec le tableau des alphabets, fera parfaitement comprendre au lecteur cette marche.

PARADIGME.

1 *a b c d e f g h i j k l m n o p q r s t u v x y z*
2 *b c d e f g h i j k l m n o p q r s t u v x y z a*
3 *c d e f g h i j k l m n o p q r s t u v x y z a b*
4 *d e f g h i j k l m n o p q r s t u v x y z a b c*
5 *e f g h i j k l m n o p q r s t u v x y z a b c d*
6 *f g h i j k l m n o p q r s t u v x y z a b c d e*
7 *g h i j k l m n o p q r s t u v x y z a b c d e f*
8 *h i j k l m n o p q r s t u v x y z a b c d e f g*
9 *i j k l m n o p q r s t u v x y z a b c d e f g h*
10 *j k l m n o p q r s t u v x y z a b c d e f g h i*
11 *k l m n o p q r s t u v x y z a b c d e f g h e j*
12 *l m n o p q r s t u v x y z a b c d e f g h i j k*
13 *m n o p q r s t u v x y z a b c d e f g h i j k l*
14 *n o p q r s t u v x y z a b c d e f g h i j k l m*
15 *o p q r s t u v x y z a b c d e f g h i j k l m n*
16 *p q r s t u v x y z a b c d e f g h i j k l m n o*
17 *q r s t u v x y z a b c d e f g h i j k l m n o p*
18 *r s t u v x y z a b c d e f g h i j k l m n o p q*
19 *s t u v x y z a b c d e f g h i j k l m n o p q r*
20 *t u v x y z a b c d e f g h i j k l m n o p q r s*
21 *u v x y z a b c d e f g h i j k l m n o p q r s t*
22 *v x y z a b c d e f g h i j k l m n o p q r s t u*
23 *x y z a b c d e f g h i j k l m n o p q r s t u v*
24 *y z a b c d e f g h i j k l m n o p q r s t u v x*
25 *z a b c d e f g h i j k l m n o p q r s t u v x y*

Si vous voulez changer d'alphabet à chaque mot, d'après ce système, vous prendrez tous les mots de la dépêche réelle dans la première ligne du paradigme, et vous remplacerez le premier par les lettres qui leur correspondent dans le second alphabet ; le second mot par celles qui leur correspondent dans le troisième alphabet, et ainsi successivement.

Voulant écrire avec un alphabet différent pour chaque lettre. Vous n'avez qu'à suivre absolument la même marche que dans les cas précédents, avec la seule différence qu'il faut faire pour chaque lettre, le même ouvrage qu'on a fait plus haut pour chaque mot, ou chaque ligne.

Il est encore d'autres méthodes dont nous nous abstiendrons de parler, parce qu'elles offrent peu d'intérêt, entr'autres celle qu'emploient souvent les commandans militaires, et qui consiste à prendre des lettres ou des mots dans un dictionnaire, ou dans un auteur désigné, à des pages et sur des lignes qu'on est convenu de choisir. Cette méthode, ainsi que la dernière que nous venons d'exposer, présentent, outre un grand nombre d'autres inconvéniens, celui d'exiger beaucoup de temps.

Cependant, il n'y a pas de secrets impénétrables à la patience exercée d'un déchiffreur habile et éclairé. Il commencera toujours par s'entourrer, autant que possible, des documens qui peuvent le mettre sur la voie, tel que le nom probable de la personne qui écrit, celui de la personne à qui elle écrit ; celui de la ville où est adressée la dépêche, ou de celle où elle est envoyée ; la date, le sujet de la missive, la formule, votre très humble serviteur, etc. ; enfin tout ce qui se présente d'ordinaire à part sur les dépêches, fournit par-là même, un moyen d'examen tellement fécond, qu'une seule de ces circonstances, une fois trouvée, amène presque toujours la découverte du système employé.

Il aura préalablement fait sur les langues européennes une certaine étude analogue à celle dont nous donnons ci-après des précis.

CHAPITRE QUATRIÈME.

REMARQUES SUR LA CHARPENTE DES MOTS DES LANGUES EUROPÉENNES.

§. Ier.

LANGUE ALLEMANDE.

La lettre qui se trouve la plus souvent répétée, c'est l'E, ensuite viennent N, I, U, R, H.

Le seul monogramme est O.

Les monosyllabes sont assez rares, et ceux qui se produisent le plus, sont *er*, *in*, *zu*.

Les trigrammes les plus usités dans le corps d'une écriture, sont : *und*, *der*, *die*, *ich*.

La lettre E se trouve abondamment dans les mots longs, comme : *angeschrieben*, *menschenherz*, *siegestrånge*, *bescheidenen*, *ůbersendeten*, *unverwelklichere*.

Elle fait aussi souvent partie des trigammes, comme : *bey dem die der eim*, etc.

Les mots allemands finissent beaucoup par *en*, *er*, *em*, *ch* ; cette dernière se fait remarquer le plus dans les petits mots et dans les lettres médiales des mots plus grands, comme *doch*, *dich*, *nach*, *noch*, *mich*, *sich*.

Les lettres *ck*, *fl*, *ft*, *re*, ou *er*, *sz*, *tz*, se trouvent souvent unies, les deux dernières particulièrement, à la fin des mots. *Sz*, souvent à la fin des petits, comme : *dasz*, *weisz*, *grosz*, *musz*, *Diesz*.

L' S précède très souvent *ch*.

Si après *ch*, finales, il y a encore une lettre, elle sera le plus ordinairement E ou T ; s'il y en a deux, elles seront *en*, ou *er*, comme :

Deucht, *Ghrfurcht*, *Plicht*,
bechwerliche, *etliche*, *verlache*,
besprachen, *kirchen*, *menschen*,
Feindlicher, *Gesangbücher*, *redlicher*.

Il est des mots qui ont des triples T, comme : *betttuch*, *betttücher*, etc.

Les voyelles A, E, O, U, sont quelquefois doublées dans les lettres médiales, au commencement et à la fin des mots. Exemple : *gepaart*, *paaren*, *saamen*, *sraatsgeheimnisse*, *staar*, *staaten*, *beseelen*, *geeheret*, *heerden*, *leeren*, *seele*, *schneegestöber*, *utlee*, *schoosz*, *nuruche*, et autres.

Les consonnes L, N, T se doublent à la fin des mots *Beyfall*, *erscholl*, *marchall*, *prinzmetall*, *stall*, *will*, *Brunn*, *handelsmann*, *hauptmann*, *kann*, *wenn*, *zimmermann*, *ansiatt*, *eintritt*, *glatt*, *spanbett*, *spott*, et beaucoup d'autres.

F, M, R, se doublent aussi quelquefois, comme : *begriff*, *schiff*, *damm*, *schwamm*, *Feldherr*, *herr*, etc.

Il est quelques mots où l'H se trouve doublé, comme *nahher*, etc. Il se trouve aussi souvent intermédiaire dans les trigrammes, comme : *ihm*, *ihn*, *ihr*, etc.

Redoublement fréquent des consonnes F, L, R, S,T, dans les mots de quatre, cinq et six lettres, comme· *affe*, *hoff*, *offnen*, *waffen*, *aller*, *fallen*, *keller*, *soller*, *wille*, *durren*, *herren*, *irrig*, *irren*, *besser*, *hassen*, *kessel*, *betten*, *ratten*, *watten*, etc., et quelquefois des consonnes B, G, M, N, P, dans les mots composés du même nombre de lettres, comme : *ebbe*, *eggen*, *semmel*, *himmer*, *kennen*, *pappen*, *ůppig*, etc.

Les lettres moins usitées dans le corps d'une écriture, sont : Q, X, J, Y, P, V.

§. II.

LANGUE ANGLAISE.

Les lettres les plus fréquentes sont : **E, T, O, A, I, H, N.**

A, I, seuls monogrammes, le dernier moins usité.

Les monosyllabes les plus répétés sont : *of, to, in, is, be, by.*

L'O, se présente souvent dans les petits mots, comme : *of, to, do, on, or, so, for, god, not, who, two, one*, etc., et se double souvent dans l'intérieur des mots, et spécialement des petits, comme : *good, book, room, looking, schools*, etc.

I, souvent première lettre des bigrammes, comme : *in, it, is, if*, etc.

Y, après **B** et **M**, dans les bigrammes *by, my.*

Les trigrammes les plus répétés sont : *the, and, was, but, his.*

W, souvent au commencement des petits mots, comme : *war, was, want, way, well, what, where, wich, who, will, with*, etc.

Les mots terminent le plus souvent par D, Y T N S E, par cette dernière en majeur nombre.

Peu de mots, ou point de tout, finissent par les suivantes : A B C I J Q U V X Z.

Redoublements peu fréquents ; ceux qui se présentent le plus, sont les doubles O, dans les lettres médiales, comme nous venons de le dire ci-dessus, et les E, comme : *agreed*, *been*, *meet*, *seeing*, *seek*, *queen*.

L, S, se doublent souvent à la fin des mots, comme : *all*, *call*, *dwell*, *hell*, *schall*, *tell*, *kindness*, *less*, *miss*, *officiousness*, *pass*, *unwilliness*, etc.

Quelquefois, on trouve dans les trigrammes, le double F, uni à O, et le double O, uni au T, comme : *off*, *too*.

J, Q, X et Z, sont très rares dans la langue anglaise.

§. III.

LANGUE LATINE.

Quoique cette langue ne fasse plus maintenant nombre dans les vivantes, nous avons cru bien faire de la citer, étant si répandue partout, et usitée à la cour de Rome.

Lettres plus fréquentes I, E, A, S, T, U.

Moins usitées, K, Z, Y, X, J.

Cette langue est celle qui abonde le plus en diphtongues œ. Elle ne fait pas usage des apostrophes.

Monogrammes A, E, I, O. Quoique les monogrammes soient très rares, celui qui se reproduit le plus, est A.

Les monosyllabes sont aussi assez rares; les plus communs sont: *et*, *in*.

Quelquefois on trouve I double, tout seul, comme *ii silicet*, etc.

Ceux parmi les trigrammes les plus usités, sont: *qui*, *sed*, *tum*, *jam*, *est*, ce dernier plus fréquent.

Les trigrammes *non*, *ibi*, sont aussi assez répétés; ceux-ci, et *iis*, se font apercevoir plus facilement des autres, à cause de leur particulière construction.

Les lettres doubles, qu'on aperçoit le plus souvent, sont les S, M, N, C, R, T, U, L, I. Celles qui se font le plus souvent remarquer, sont: L, S, U et I, comme dans les mots : *bello*, *collo*, *ille*, *illo*, *illud*, *illa*, *esse*, *jussi*, *missi*, *quum*, *suum*, *tuum*, *cupiit*, *petiit*, *rediit*, etc.

I, est la seule lettre qui se double quelquefois au commencement et à la fin des mots, comme : *imperii*, *nuncii*, *supplicii*, *iisdem*, etc.

M, souvent uni à N.

Les mots latins finissent généralement en M, S, T, ou en E, I, O.

§. IV.

LANGUE ITALIENNE.

Cette langue a beaucoup de rapport avec l'espagnol, elle se distingue de cette dernière par la longueur de certains mots, et par la fréquence des redoublements dans l'intérieur des mots.

Après les voyelles E, I, A, O, qui sont les plus répétées, se trouvent les consonnes L, N, R, S. Les lettres B, H, Q, Z, J sont assez rares. Y, K, X, ne sont usités que très rarement dans la langue italienne.

Monogrammes, A, E, I, O; E, plus fréquent, ensuite I.

Bigrammes en abondance ; ceux qui se reproduisent le plus sont : *la*, *le*, *di*, *il*.

O, fait souvent partie du trigramme, comme : *mio, tuo, suo, noi, voi, poi*, etc.

Q, toujours uni à U, comme : *questa, quello, quando*, etc.

L'H, toujours après le C, ou après le G, comme : *cerchi, fresche, meschino, ghiande, ghirlanda, meneghino.*

M, N, R, S, T, sont souvent doublés dans les lettres médiales; L, l'est plus spécialement dans les mots de quatre, cinq ou six lettres, comme : *allo, alla, alle, nello, nella, nelli, nelle, quello, quelli, quelle, snello, snelle*, et beaucoup d'autres.

Quand les mots qui suivent ceux que nous venons d'indiquer commencent par une voyelle, on coupe généralement à ceux-ci, la dernière lettre, et alors on aperçoit les deux *l* finales apostrophées, comme : *all' aspetto, nell' andata, bell' ingegno*, etc.

I, se double quelquefois à la fin des mots pour tenir place de J, qu'en italien on prononce parfaitement la même chose, comme : *auspicii, libraii, principii*, etc.

Les mots finissent presque toujours par des voyelles : par E, de préférence.

Dans cette langue, on trouve assez souvent plusieurs mots qui se suivent, dont la lettre finale est la même des monosyllabes, ou trigrammes qui les précèdent, et selon qu'on parle au singulier ou au pluriel, comme :

la barca, la stanza, la cantina,
le piante, le camicie, le finestre,
lo scorno, lo straccio, lo rancio,
li alberi, li scorpioni, li scalini,
una bella campagna,
le sue belle ragazze,
gli uomini cortesi,
lo studio ricompenzato, etc.

Beaucoup de grands mots finissent en *mente*, comme:

abbondantemente
alternativamente
caritatevolmente
constantemente
diligentemente
frequentemente
imperiosamente
impazientissimamente
incessantemente
preventivamente
ragionevolmente
vicendevolmente, etc.

D'autres qui finissent en *zione*, ou *zioni*, comme :

amministrazione–zioni
attribuzione-zioni
confederazione–zioni
confermazione–zioni
conservazione–zioni
generazione–zioni, etc.

Et beaucoup d'autres, en *issimo*, *issimi*, *issima*, *issime*, comme :

capricciosissimo-issima–issimi–issime
delicatissimo–issima–issimi–issime
diligentissimo–issima–issimi–issime
indolentissimo-issima–issimi–issime
picciolissimo–issima–issimi–issime
ritiratissimo–issima-issimi–issime, etc.

§. V.

LANGUE ESPAGNOLE.

Lettres plus répétées E, ensuite S, A, O.

Le monogramme sera presque toujours *y*, quelquefois, A, O ; et très rarement É, U.

De, *la*, *el*, *en*, *es*, sont les bigrammes qui se reproduisent le plus souvent.

Les trigrammes plus fréquents sont *que*, *los*, ensuite viennent, *del*, *por*, *uno*, *las*, *mas*, *sus*, ce dernier se fait facilement remarquer par ses deux *s*.

L'H est presque toujours précédé d'un C, dans les lettres médiales.

Q, toujours suivi de l'U, uniformément aux autres langues.

U, est toujours suivi de l'N, dans les bigrammes, et très souvent de l' E, dans l'intérieur des mots.

Il n'y a que le trigramme *que*, qui finit par E; ainsi, comme cette lettre est la plus répétée, elle est par conséquent la première trouvée. Dans le trigramme ci-dessus, nous aurons trouvé en même temps que E, les lettres Q, U.

Uno, *una*, étant les seuls parmi les trigrammes qui commencent par U; ayant trouvé cette lettre nous aurons par le même moyen la deuxième, N.

Tous les mots finissent ordinairement par les lettres S, O, A, E, N, R, L, par ces trois dernières en plus petit nombre.

S, final est très souvent précédé de l' O.

Redoublements rarissimes, et ceux qu'on rencontre quelquefois ne sont guère que des L, des C, ou des R; les deux premiers sont les seuls qui se doublent dans les petits mots, et notamment dans ceux-ci : *ello*, *ella*, *ellos*, *ellas*.

La double L est aussi employée au commencent de quelques mots, comme : *llegado*, *llogaba*, *llamados*, etc.

Il est quelques mots où l'on trouve l'E, doublé dans son intérieur, comme : *creerle*, etc.

Les voyelles A, O, sont souvent répétées dans les mots de quatre lettres, comme : *basa*, *cada*, *dada*, *data*, *para*, *vana*, *como*, *otro*, *poco*, *robo*, *solo*, *todo*, etc.

Et quelquefois les E, comme *debe*, *este*, etc. Ces deux mots, ainsi que les deux mots *como*, *para*, sont entre tous, les plus usités. *Dada*, *este*, *otro*, sont les plus faciles à remarquer.

Les lettres K, X, Z, J, Q, sont les moins usitées dans cette langue.

§. VI.

Voici un tableau comparatif de la répétition des lettres dans les langues sur lesquelles nous avons traité, d'où il résulte, après avoir fait l'essai sur un corps d'écriture de mille lettres, qu'elles s'y trouvent partagées de la manière suivante.

TABLEAU COMPARATIF DE LA RÉPÉTITION DES LETTRES.

LANGUES	A	B	C	D	E	F	G	H	I	J	K	L	M	N	O	P	Q	R	S	T	U	V	W	X	Y	Z	OE	
Française	73	13	21	49	158	4	8	6	69	2	»	61	22	70	61	40	6	82	85	59	91	11	»	6	2	1	»	1.000
Allemande	56	14	35	58	163	11	41	57	73	1	15	36	28	97	31	4	»	61	65	45	66	7	13	»	4	19	»	1.000
Anglaise	79	21	26	33	123	27	33	68	70	1	8	44	25	68	82	19	»	43	59	92	21	10	23	»	22	3	»	1.000
Latine	8[illegible]	13	68	24	111	12	13	10	107	3	»	26	55	63	45	24	14	56	81	83	83	8	»	»	1	»	13	1.000
Italienne	89	5	39	43	138	10	22	5	125	»	»	68	24	72	83	26	5	72	51	71	38	8	»	»	»	6	»	1.000
Espagnole	107	19	41	51	148	7	12	8	73	3	»	53	24	70	96	25	4	59	108	42	31	9	»	1	8	1	»	1.000

Ce tableau nous paraît assez clair pour nous fournir le moyen de faire facilement connaître les lettres les plus répétées dans une dépêche écrite en chiffres, ou tout autre signe.

D'abord, pour savoir de suite lesquelles des lettres sont en majeur nombre, il n'y a qu'à faire une liste verticale des lettres contenues dans la dépêche, en indiquant à côté, le nombre que chacune d'elle s'y trouve répétée ; par exemple de cette manière.

DÉPÊCHE EN CHIFFRES.

Mq lbsfj nfbnsmq rsq mq dcbrsft
gq lqmmqhsq c qs pfqb cs tifb
sxn nixoqbqxnq tqnbqjq chqn mq
abqooqj gq aimfnq qj qs'fm qtj
bqtjq amst gq ibift pqsbqt qxoqbdq
chqu msf gcxt lix nelfvqj; qx
qooqj mq dcbrsft c dcxrsq pfqb
cs bqxgqx hist gqt qecsu; gqgf
xist c lqcsnisa nixjbebfqt, qj
ystrs'c nq tifb xist x'qx tcsbix[t]
act m'ileqj. Pcbqf qj Text Nbcfxjq

tixj cbbfhqt gqasft gqsu yisbt.

Xist j'cjjqxgixt jist aisb ofuqb

mq yisb ocjcm.

a	6
b	28
c	24
d	4
e	1
f	21
g	10
h	5
i	19
j	19
l	4
m	13
n	15
o	8
p	4
q	60
r	6
s	31
t	29
u	3
v	1
x	23
y	3

Nous remarquons ici que la lettre Q se présente 60 fois, ce chiffre étant beaucoup supérieur à tous les autres, nous supposerons qu'il soit un E : raison de plus pour le croire, c'est que cette lettre, non-seulement dans la langue française est la plus usitée, mais elle l'est encore dans toutes les autres langues. Venons au fait; d'abord, comme nous voyons le Q très souvent reproduit dans l'intérieur, à la fin des mots, et notamment dans les monosyllabes, nous en concluerons qu'il ne peut être autrement qu'un E. Or, si Q est un E, *qj* représenteront indubitablement le bigramme *et*, car J, nous le voyons plusieurs fois à la fin des trigrammes, dont la première lettre est un E, et nous avons déjà dit ailleurs, qu'il n'y a que les trigrammes *est* et *eux*, un peu fréquentés qui commencent par E : ainsi, si J est un T, X sera infailliblement un N, parce que celui-ci est le seul que nous voyons après le Q dans les bigrammes. Mais pour ne pas revenir aux premiers élémens, nous nous tiendrons strictement à ce que nous désirons faire connaître, et en comparant ainsi les plus forts chiffres de cette liste ou colonne verticale, aux plus forts chiffres de la première ligne horizontale du tableau comparatif, nous verrons que les chiffres 60, 31, 29, 28, 24 et 23 correspondent à des E, U, S, R, A, N, etc.

Il peut y avoir, sans doute, quelquefois de la différence dans la répétition des lettres, entre une période d'écriture et une autre période ; mais cette différence ne sera jamais exhorbitante.

TRADUCTION DE LA DÉPÊCHE CI-DESSUS.

Le bruit circule que le marquis de Bellevue a eu, hier au soir, une conférence secrète avec le préfet de police, et qu'il est resté plus de trois heures enfermé avec lui dans son cabinet ; en effet, le marquis a manqué hier au rendez-vous des égaux ; ceci nous a beaucoup contrariés, et jusqu'à ce soir nous n'en saurons rien. Hardi et Sans-Crainte sont arrivés depuis deux jours. Nous t'attendons pour fixer le jour fatal.

TRADUCTION DES TABLES QUI SE TROUVENT AU §. II DU CHAPITRE III.

TABLE PREMIÈRE.

Depuis que l'argent est l'objet des désirs de chacun, on ne fait plus rien de quelque importance que par son secours. Les forteresses les plus fortes tombent devant lui : la valeur même et la vertu succombent souvent sous le puissant effet de ce métal.

TABLE II.

La récompense ne doit jamais être le seul but du service qu'on rend. Ceux qui agissent uniquement par ce motif, se trouvent très souvent trompés ; car dès qu'il paraît que c'est elle qu'on a en vue, loin d'obtenir ce qu'on attend, on est regardé avec le dernier mépris.

TABLE III.

Affecter d'être savant lorsqu'on ne sait rien du tout ou vouloir paraître habile dans une science qu'on ignore tout-à-fait, comme il y en a beaucoup, est un caractère des plus ridicules. Il peut être même bien souvent très dangereux.

7

TABLE IV.

Dans les temps que nous vivons, ce n'est pas toujours pour le savoir qu'on obtient des bénéfices et des emplois. L'ignorance et une recommandation puissante tiennent lieu de capacité et d'érudition.

De mon côté, j'avoue que c'est parfaitement la vérité !

TABLE V.

L'ignorance de certaines personnes va quelquefois jusqu'à l'excès, et lorsqu'on leur fait remarquer des fautes grossières et ridicules, elles prétendent encore avoir des raisons valables pour en agir ainsi.

TABLE VI.

Mon cher père, je vous écris aujourd'hui lundi, par le courrier qui part mardi, il arrivera chez vous mercredi. Vous aurez ma lettre jeudi, vous m'enverrez de l'argent vendredi, sinon je pars samedi, pour être chez vous dimanche.

CHAPITRE CINQUIÈME.

L'écriture sympathique, malgré qu'elle soit indépendante de celles dont nous venons de parler, a cependant quelques relations avec elles sous le rapport des écritures occultes; ainsi, nous croyons à propos d'en dire quelques mots pour initier encore le lecteur dans cette branche de connaissances humaines.

§. UNIQUE.

ÉCRITURE SYMPATIQUE.

On a donné ce nom bizarre à des liquides qui ne laissent aucune trace bien sensible des caractères qu'on dessine avec eux sur le papier, et que l'application simple de la chaleur fait apparaître sous diverses couleurs. En effet, la plupart des solutions métalliques ou végétales susceptibles de former des précipités colorés par actions de divers réactifs offrent le phénomène de la sympathie. Les hydrosulfates, l'hydrocyanate ferruré de potasse, la noix de Galle, etc., et même le citron et l'ognon, peuvent fournir des encres sympathiques.

L'une des encres sympathiques des mieux caractérisées et des plus jolies qui fut observée la première, se compose d'une solution aqueuse d'hydrochlorate de cobalt suffisamment étendue pour que la couleur soit à peine sensible, vue dans un flacon d'un décilitre. Quand le seul dissous et l'eau employée sont bien purs, les caractères tracés avec cette solution sont invisibles à froid ; mais si l'on chauffe légèrement le papier qui les a reçus, ils apparaissent tout-à-coup en bleu : que l'on éloigne le papier du feu, les lettres disparaissent par degrés. On peut hâter cet effet en exhalant sur le papier l'air humide des poumons. On a justement observé que ces changemens sont uniquement dus aux proportions différentes d'eau que l'hydrochlorate retient dans des circonstances différentes. On sait, par le fait, que la solution étendue de l'hydrochlorate de cobalt, est une rose legère, invisible même sur une faible épaisseur, tandis qu'étant concentrée, elle est d'un bleu intense. Or, à la température ordinaire de l'atmosphère, l'eau hygrométrique suffit pour empêcher la coloration de la très mince couche de sel étendue sur le papier ; qu'on chauffe ce même papier ainsi imprégné, la solution se concentre par l'évaporation de l'eau, et elle passe au bleu ; enfin l'éloigne-t-on tout-à-fait du feu, l'humidité de l'air est de nouveau attirée, et la couleur disparaît. En ajoutant à l'hydrochlorate de cobalt une petite quantité d'hydrochlorate de tritoxide de fer, la couleur jaune de ce dernier sel rend l'encre sympathique de couleur verte.

Au moyen de ce dernier, on peut se procurer d'agréables récréations, telle que celle-ci.

Si l'on dessine avec l'encre de la Chine, un paysage représentant une scène d'hiver, que l'on ajoute ensuite sur les blancs réservés, un tracé fait avec de la solution de cobalt mêlée de celle de tritoxide de fer, pour représenter les feuilles des arbres et le gazon sur les blancs qui indiquent la neige ; rien de ces traits ajoutés ne sera visible que jusqu'à ce que l'on ait approché le papier du feu ; mais à ce moment, les arbres paraîtront se garnir de leur feuillage, l'herbe verdira et il succédera une scène d'été à une scène d'hiver. Veut-on faire reparaître celle-ci ? il ne faut pour cela que laisser le dessin exposé à l'air.

AUTRE RÉCRÉATION.

Tracez des caractères avec de l'acétate de plomb en solution et laissez exposé le papier à la vapeur de la liqueur fumante de boyle (hydro-sulfate sulfuré d'ammoniaque avec un grand accès d'alcali) les caractères, d'incolores qu'ils étaient auparavant, passeront sur le champ au noir foncé.

FIN.

Pour le Ministre secrétaire d'État des Travaux publics, de l'Agriculture et du Commerce, et par délégation,

Le Maître des Requêtes Secrétaire-général,

SIGNÉ : J. BOULAY.

Pour Expédition conforme.

Le Maître des Requêtes Secrétaire-général,

J. BOULAY.

www.ingramcontent.com/pod-product-compliance
Ingram Content Group UK Ltd.
Pitfield, Milton Keynes, MK11 3LW, UK
UKHW020332180726
13839UKWH00002B/681